# HALLOWEEN

## Das Koch- und Backbuch

Tom Grimm

# HALLOWEEN

## Das Koch- und Backbuch

50 Rezepte für die gruseligste Nacht des Jahres

riva

**Bibliografische Information der Deutschen Nationalbibliothek:**
Die Deutsche Nationalbibliothek verzeichnet diese Publikation in der Deutschen Nationalbibliografie.
Detaillierte bibliografische Daten sind im Internet über http://d-nb.de abrufbar.

**Für Fragen und Anregungen**
info@rivaverlag.de

Originalausgabe
1. Auflage 2018

Nymphenburger Straße 86
D-80636 München
Tel.: 089 651285-0
Fax: 089 652096



Projektredaktion, Konzeption, Texte und Rezepte: Tom Grimm, Grinning Cat Productions
(kontakt@grinningcat.de)
Foodstyling und Foodfotografie: Katja Böhm, unter Mitarbeit von Tom Grimm
Bildredaktion: Tom Grimm, Katja Böhm
Lektorat: Thomas Gießl, Katrin Koelle
Umschlaggestaltung: Isabella Dorsch
Satz und Layoutdesign: inpunkt[w]o, Haiger (www.inpunktwo.de)
Druck: Florjancic Tisk d.o.o., Slowenien
Printed in the EU

ISBN Print 978-3-7423-0628-9
ISBN E-Book (PDF) 978-3-7453-0174-8
ISBN E-Book (EPUB, Mobi) 978-3-7453-0175-5

Weitere Informationen zum Verlag finden Sie unter

**www.rivaverlag.de**

Beachten Sie auch unsere weiteren Verlage unter www.m-vg.de

# MANNI DER METZGER EMPFIEHLT ...

# WILLKOMMEN, FREUNDE DER KULINARISCHEN KÖTZLICHKEITEN!

Immer rein in die gute Stube! Beachtet die Ratten gar nicht. Oder die Fledermäuse. Aber passt auf, wo ihr hintretet, denn dieses klebrige rote Zeug da drüben auf dem Boden geht höllisch schwer wieder aus den Klamotten raus! Und keine Angst vor Pech und Schwefel, meinen Hausdämonen – die beiden sehen zwar aus, als würden sie kleine Kinder fressen, sind aber eigentlich vollkommen harmlos. Jedenfalls so lange sie die nervigen Bälger, die sie zuletzt verspachtelt haben, noch verdauen! Hehehe.

Also tretet näher, ihr Freaks. Nur keine Schüchternheit vortäuschen! Ja, so ist's recht! Schließlich wollt ihr doch keine Sekunde dieses spukigsten aller spukigen Spuktakel verpassen, oder? Denn endlich ist sie wieder angebrochen, die Nacht der Nächte, auf die wir alle die vergangenen zwölf Monate so überaus sehnsüchtig gewartet haben: Halloween! Der einzige Abend im Jahr, an dem die Hölle Ausgang hat und Geister und Dämonen aller Art frei und ungestört durch die Welt der Lebenden streifen, um ihren Schabernack mit den nichtsahnenden Menschlein zu treiben, die glauben, all diese Kreaturen der Finsternis hätten sich bloß als Werwölfe, Vampire, Zombies, Hexen, Kobolde und Ghule verkleidet. Wie naiv sie doch sind, und wie leicht zu täuschen!

Früher, in der guten alten Zeit, als man für eine ertragreiche Ernte noch Blutopfer darbrachte, entzündeten die Kelten jeweils am 31. Oktober – ihrem damaligen Kalender zufolge der letzte Tag des Jahres – auf den Hügeln große Feuer aus den Knochen von Schlachtvieh, um den Verstorbenen zu gedenken und den Seelen ihrer Liebsten in der Dunkelheit den Weg nach Hause zu weisen. An sich gar keine so blöde Idee, doch dummerweise kam die eine oder andere Seele trotz allem vom Pfad ab und verlief sich, um hernach durch die Nacht zu spuken, friedliche Leute zu Tode zu erschrecken und mal so richtig den Poltergeist rauszulassen, bevor die Uhr die zwölfte Stunde schlug. Denn dann ist alles vorbei – wenigstens bis zum nächsten Jahr, wenn der fröhliche Mummenschanz von Neuem beginnt.

Doch noch ist es nicht so weit, liebe Freunde. Noch bleibt uns jede Menge Zeit, um uns zu amüsieren! Die Nacht ist noch jung, und ohne mich selbst zu sehr zu loben, möchte ich behaupten, mich selbst übertroffen zu haben, denn euch erwartet ein Büffet auserlesener Kotzbarkeiten, das seinesgleichen sucht!

Kotzprobe gefällig? Wie wär's als Horrord'œuvre mit Krakencocktail, Grabwurmsalat und Monsterspinneneiern? Auch das Augen-Schaschlik, die Blutbrühe, die gefüllten Schrumpfköpfe und den Würger-Burger kann ich nur wärmstens empfehlen. Und damit sich der nächste Besuch beim Zahnarzt auch lohnt, gibt's hinterher solch grandiose Geschmacklosigkeiten wie Augendonuts, Friedhofsschmankerl und abgehackte Hexenfinger. Hmm! Köstlich, nicht wahr? Natürlich alles liebevoll angerichtet, das Auge isst (man) schließlich mit!

Und apropos Liebe, hier abschließend noch ein kleiner Tipp für alle Turteltäubchen unter euch: Man sagt zwar, Liebe geht durch den Magen, doch das ist vollkommener Mumpitz. Denn wie jeder gute Schlächter ... äh, Schlachter weiß, führt der kürzeste Weg zum Herzen eines Mannes – geradewegs *durch seinen Brustkorb!*

In diesem Sinne: Es ist angerichtet!

**MANNI DER METZGER**

# FINGER-FOOD

Nachfolgend erwarten euch ein paar raffinierte kleine Appetithäppchen, die man, ohne sich zu Tode zu blamieren, auch mit den Fingern essen kann – womit diese perfiden Leckereien auch für Zombies, Untote, Mumien und sonstige motorisch Eingeschränkte geeignet sind, die sich mit Messer und Gabel nur selbst verstümmeln würden. Nicht, dass ich fragwürdigen Gestalten wie euch überhaupt Besteck in die Hand geben würde! Die Gefahr, dass ihr den Begriff »Fingerfood« falsch versteht, ist einfach zu groß …

# WURSTMUMIEN

**Zugegeben: Diese Mummelmumien sehen vielleicht so aus, als würden sie schon seit Jahrtausenden in ihren (Teig-)Bandagen stecken, doch ich versichere euch: Dank der ausgeklügelten »Konservierungsflüssigkeit« aus Gewürzketchup, Senf und Mayonnaise, mit der die Burschen vor ihrer Mumifizierung großzügig gesalbt wurden, sind sie noch genauso frisch und knackig wie am Tag ihres Dahinscheidens!**

**Ergibt: 10 Wurstmumien • Zubereitungszeit: ca. 50 Minuten**

## ZUTATEN

2 EL Olivenöl
1 Tüte Trockenhefe
500 g Mehl (plus etwas mehr zum Bearbeiten)
1 TL Salz
10 Wiener Würstchen
3 EL Senf (mittelscharf)
3 EL Gewürzketchup
1 EL Mayonnaise
1 Scheibe Käse (z. B. Gouda)
schwarze Sesamsaat

1. Das Öl, die Hefe, 300 ml lauwarmes Wasser, das Mehl und das Salz zu einem glatten Tag kneten. Mit einem Tuch abdecken und an einem warmen Ort ca. 30 Minuten gehen lassen.
2. Den Backofen auf 190 °C vorheizen; ein Backblech mit Backpapier auslegen.
3. Inzwischen die Würstchen auf einer Seite längs einschneiden, damit sie später beim Backen nicht platzen. Senf, Ketchup und Mayonnaise verrühren. Die Würstchen damit rundum bestreichen; auf einer Platte beiseitestellen.
4. Den Teig nochmals kurz durchkneten und auf der leicht bemehlten Arbeitsfläche dünn ausrollen. Mit einem Pizzaroller oder einem scharfen Messer in schmale Streifen von ca. 1–2 cm Dicke schneiden. Die vorbereiteten Würstchen vorsichtig mit den Teigstreifen umwickeln. Ist ein Teigstreifen zu Ende, einfach einen anderen »drankleben« und weitermachen. Dabei im Bereich des »Kopfes« (ca. 1 cm vom Ende des Würstchens entfernt) jeweils einen Spalt für das »Gesicht« freilassen.
5. Die Wurstmumien mit etwas Abstand zueinander auf das vorbereitete Backblech legen. Im vorgeheizten Backofen ca. 10–15 Minuten goldbraun backen.
6. Nutzt die Backzeit, um aus dem Käse (möglichst ohne Löcher) kleine Kreise auszuschneiden oder mit einer Keksform auszustechen. Drückt jeweils ein schwarzes Sesamkorn auf jedes Käsestück, damit das Ganze nach Augen aussieht.
7. Drückt die Augen auf das freie »Gesichtsfeld« der Wurstmumien, sobald sie aus dem Ofen kommen, damit der Käse ein bisschen schmilzt und die Glubschaugen an der Wurst kleben bleiben. Sofort servieren.

# KNABBER-HAUTFETZEN

Fangfrage: Was ist mit Abstand das Beste an einem Brathähnchen? Ganz klar, die Haut – jedenfalls, wenn sie schön kross und gut gewürzt ist. Dummerweise hängt an Hühnern aber noch alles Mögliche andere Gelumpe dran, z. B. der gesamte Rest des Körpers. Daher seid gewarnt: Um eine anständige Menge dieser Leckerei auf den (Sezier-)Tisch zu bringen, muss einiges an Federvieh dran glauben! Dafür lassen sich die »Überreste« der gehäuteten Hühnchen aber hervorragend zu anderen kötzlichen Gerichten verwursten. Also ran ans Werk, die Messer gewetzt, und los geht das fröhliche Hühnerhäuten!

**Für 4–6 Portionen • Zubereitungszeit: 70–80 Minuten (davon 30–40 Minuten Garzeit)**

## ZUTATEN

750 g Hühnerhaut
(von ca. 3-4 Hühnchen)
evtl. Gemüsebrühe
3 EL Senf
3 EL flüssiger Honig
Salz und Pfeffer
3 EL geräuchertes Paprikapulver
fein geriebene Limonenschale

1. Am cleversten ist es, für dieses Gericht die »Abfälle« des Explodierten Huhns (S. 47) zu verwenden. Sobald das Huhn für besagtes Rezept gar gekocht ist, beim Abzupfen des Fleisches die Haut behutsam in möglichst großen Stücken vom Fleisch abziehen und beiseitestellen.
2. Alternativ könnt ihr auch ungegarte Hühnchen enthäuten, um das Fleisch anschließend für andere Speisen zu verwenden. Oder ihr bestellt die Haut einfach küchenfertig beim Schlächter ... äh, Schlachter eures Vertrauens. In den letzten beiden Fällen solltet ihr die Haut jedoch vor dem Verwenden 30 Minuten lang bei mittlerer Hitze in einem Topf mit Gemüsebrühe garen, damit die Hühnerhaut schön weich und geschmeidig wird. Doch wie auch immer ihr es macht: Hauptsache, ihr habt am Ende eine hübsche Portion Hühnerhaut ohne überschüssiges Fett!
3. Den Backofen auf 180 °C vorheizen; ein Backblech mit Backpapier auslegen.
4. Den Senf und den Honig in einer kleinen Schüssel verrühren und die Hautstücke von beiden Seiten leicht mit der Mixtur bestreichen.
5. Die Stücke auf das vorbereitete Backblech legen und von beiden Seiten leicht mit Salz, Pfeffer und Paprikapulver würzen. Eine weitere Schicht Backpapier oben drauflegen und hierauf wiederum ein zweites Backblech, um das Ganze runterzudrücken.
6. Alles 30–40 Minuten auf mittlerer Stufe backen, bis die Hühnchenchips schön kross und goldbraun sind. Achtung: Die Backbleche zur Hälfte der Garzeit umdrehen, sodass das obere Blech nun unten ist. Auf diese Weise gewährleistet ihr, dass die Chips wirklich rundum kross werden!
7. Die Hühnchenchips anschließend zum Abtropfen auf einen mit Küchenpapier ausgelegten Teller geben. Leicht abkühlen lassen. Unmittelbar vor dem Servieren sparsam Limonenschale darüberstreuen.

# GESPENSTER-STANGEN

**Geister und Gespenster gehören nicht bloß zu den Archetypen der unheimlichen Fantastik, sondern auch zu meinem engsten Freundeskreis. Und sie sind echte Partykracher! Insbesondere auf Beerdigungen und Trauerfeiern sowie natürlich in der Nacht der Nächte zu Halloween sorgen sie für höllische Stimmung.**

**Ergibt: ca. 20 Stück • Zubereitungszeit: ca. 30 Minuten (inkl. Trockenzeit)**

## ZUTATEN

150 g weiße Kuvertüre
125 g dicke Salzstangen
(z. B. Maxi Saltletts)
1 schwarzer Lebensmittelstift
Dekor-Zuckeraugen (optional)

1. Ein Wasserbad vorbereiten, indem ihr Wasser in einen Topf gebt und eine kleinere Schale hineinstellt. Die Kuvertüre grob in Stücke hacken und ⅔ davon in der Schale in dem heißen Wasserbad schmelzen. Dabei darauf achten, dass das Wasser nicht kocht!
2. Anschließend auch die übrige Kuvertüre hinzufügen. Alles etwas abkühlen lassen, ehe ihr die Schokomasse behutsam wieder auf ca. 32 °C erwärmt. Dieses sogenannte Temperieren sorgt dafür, dass die Kakaobutter bestmöglich bindet und schön glänzt. Die flüssige Kuvertüre aus dem Wasserbad nehmen.
3. Die Salzstangen müssen nun möglichst zügig in die flüssige Schokomasse getaucht werden, da die Kuvertüre beim Abkühlen schnell wieder hart wird. Die Salzstangen dabei zu ca. ⅔ in die weiße Schokolade tauchen und anschließend mit der Schokoseite nach oben zum Trocknen aufrecht in ein Glas stellen, möglichst mit einem Fingerbreit Abstand zueinander, damit sie nicht zusammenkleben.
4. Die Kuvertüre ca. 15 Minuten trocknen und ganz fest werden lassen. Sobald die Schokolade getrocknet ist, mit dem schwarzen Lebensmittelstift gruselige Geisterfratzen auf die Kuvertüre malen. Alternativ könnt ihr hierfür auch Dekor-Zuckeraugen verwenden. Fertig ist die perfekte Halloween-Knabberei!

# FLEDERMAUSHÄPPCHEN

Ich weiß ja nicht, wie's euch so geht, aber ich liebe Fledermäuse – besonders kross gebraten und mit scharfer Soße! Umso betrüblicher ist es da, dass die leckeren Biester unter Artenschutz stehen. Deshalb habe ich mir etwas einfallen lassen, um diesen armseligen Bürokraten-Spaßbremsen ein Schnippchen zu schlagen: Fledermaushäppchen ohne echte Fledermaus. Das Konzept dafür habe ich mir bei einem großen Fastfood-Konzern abgeguckt, wo's Chicken Nuggets ohne Hühnchen gibt. Ach ja, abschließend noch ein Wort an all die Öko-Terroristen und Weltverbesserer da draußen, die mich am liebsten zum Teufel jagen würden: Spart euch die Mühe. Ich habe längst ein VIP-Bändchen für die Hölle!

**Ergibt: 16 Fledermaushäppchen • Zubereitungszeit: ca. 30 Minuten (zzgl. 45 Minuten Kühlzeit)**

## ZUTATEN

100 g Pistazienkerne
600 g Frischkäse
16 schwarze Oliven, entsteint
ca. 40 Tortilla-Chips (eine möglichst »dunkle« Sorte)

1. Die Pistazien hacken und in eine kleine Schüssel geben.
2. Aus dem Frischkäse 16 gleich große Bällchen von der Größe einer Kastanie formen; dabei ca. 50 g Käse zur späteren Verwendung übrigbehalten.
3. Die Bällchen in den gehackten Pistazien wenden, sodass sie ringsum davon bedeckt sind. Zum Festwerden für ca. 45 Minuten in den Kühlschrank stellen.
4. Die Oliven halbieren und umgedreht (mit der Schnittöffnung nach vorn) als Augen auf den Frischkäsebällchen platzieren. Mit einem kleinen Spritzbeutel oder einem Gefrierbeutel mit abgeschnittener Ecke jeweils einen Klecks vom übrigen Frischkäse als »Iris« in die Oliven füllen.
5. Die Tortilla-Chips als »Flügel« seitlich in die Frischkäsebällchen stecken. Von den übrigen Chips behutsam die Ecken abknicken und als »Ohren« oben auf den Bällchen platzieren.
6. Die Fledermaushäppchen auf eine Platte geben, mit Frischhaltefolie abdecken und bis zum Servieren im Kühlschrank aufbewahren.

# KANNIBALEN-HOTDOG

Kennt ihr den schon: Was machen Kannibalen aus Ärzten? Hot Docs! Ich liebe Kannibalenwitze. Die sind so herrlich ... geschmacklos. Ganz anders als dieser köstliche Leckerschmecker, mit dem ihr auf jeder Frutarier-Party für Furore sorgt ... Todsicher! Denn wenn ihr damit auf einer Soirée dieser Gesundheitsfreaks auftaucht, die bloß Obst essen, das freiwillig vom Baum gesprungen ist, ist euch der Tod sicher! Aber wir leben ja in einer freien Welt, in der jeder essen kann, was er will. Passt nur auf, dass ihr eure Fingerchen immer schön bei euch behaltet. Nicht, dass sie euch versehentlich abhanden kommen!

**Ergibt: 4 Portionen • Zubereitungszeit: ca. 20 Minuten**

## ZUTATEN

2 Schalotten
1 EL Mehl
1 EL Öl
Salz
Pfeffer
Paprikapulver
Kümmel
2 TL Zucker
2 Gewürzgurken
40 g Cheddarkäse
1 kleine Cornichon
4 Würstchen (à ca. 60 g)
4 Hotdog-Brötchen
4 TL mittelscharfer Senf
4 TL Tomatenketchup
4 EL Remoulade

1. Die Schalotten schälen, in feine Ringe schneiden und dünn mit Mehl bestäuben. Das Öl in einer Pfanne erhitzen und die Ringe darin scharf anbraten. Mit Salz, Pfeffer, Paprikapulver und einer Prise Kümmel würzen. Den Zucker darüberstreuen, karamellisieren lassen und beiseitestellen.
2. Die Gewürzgurken in dünne Scheiben schneiden. Den Cheddarkäse mit einer Küchenreibe grob reiben. Cornichon dünn in Fingernagelformen schneiden.
3. Reichlich Wasser in einem großen Topf erwärmen. Mit einem Messer an einem Ende jedes Würstchens etwas Pelle und Brät wegschneiden (für die Fingernägel). Die Würstchen dann ins Wasser legen und ca. 5 Minuten ziehen lassen. Achtung: Das Wasser darf nicht kochen, sonst platzen die Würstchen!
4. In der Zwischenzeit gemäß den Packungsangaben die Hotdog-Brötchen im Backofen zubereiten. Die warmen Brötchen dann behutsam längs aufschneiden (aber nicht ganz durch!), mit dem Senf bestreichen und mit den angebratenen Schalotten und den Gewürzgurkenscheiben belegen.
5. Je ein Würstchen auf ein Brötchen legen und als Fingernagel eine zurechtgeschnittene Cornichonscheibe auf die entsprechende Stelle drücken. Das Ganze anschließend mit Ketchup und Remoulade würzen und den geriebenen Cheddarkäse daraufstreuen, sodass er schmilzt. Sofort servieren.

Mit einigen wenigen Handgriffen lässt sich aus der oben beschriebenen Kindergeburtstagsvariante dieses gar kötzlichen Hotdogs ein echter Gaumengraus zaubern: Anstatt für die Fingernägel Gürkchen zuzuschneiden, kramt doch einfach mal in den Untiefen von Mamas Schminktasche. Da drin findet ihr vielleicht ein paar von diesen künstlichen Plastiknägeln, die ihr dann einfach fest auf die entsprechende Einkerbung des Würstchens presst, um den Eindruck eines abgetrennten Fingers zu perfektionieren. Und wenn ihr ganz perfide drauf seid, Freaks, könnt ihr die Nägel ja noch eigens lackieren! Aber nicht mitessen, okay? Fingernägel knirschen immer so fürchterlich beim Kauen!

# SANDWICH-SCHLANGE

Ihr kennt doch sicher alle das Sprichwort: In der allergrößten Not … isst der Teufel auch mal Brot! Oder so ähnlich. Ich selbst ziehe Getreide zwar in verflüssigter Form vor. Doch da Seine Höllische Exzellenz seinen turnusmäßigen Inspektionsbesuch angekündigt hat, um zu überprüfen, ob all seine irdischen Vertreter und dämonischen Handlanger ihre Seelenbeschaffungsquoten einhalten, dachte ich mir, ich schleime mich ein bisschen beim guten, alten Luzifer ein und setze ihm gleich zwei Dinge vor, die er mag: Brot – und schuppige Kaltblüter. Ich hoffe, damit kann ich bei ihm einen Stich machen, schließlich kann ein ordentliches Maß Vitamin B nie schaden!

**Ergibt: ca. 20 Schnittchen • Zubereitungszeit: ca. 1 Stunde (davon ca. 30 Minuten Backzeit)**

## ZUTATEN

150 ml Rapsöl
50 ml Weißweinessig
Salz
Pfeffer
1 EL Senf
1 EL Honig
1 Spritzer Zitronensaft
1,2 kg Baguette- oder Brötchen-Fertigteig
etwas Mehl
300 g Salami, in dünnen Scheiben
300 g Edamer, in dünnen Scheiben
300 g Kochschinken, in Scheiben
80 g frische Peperoni, fein geschnitten
120 g gemischte Oliven, in Scheiben geschnitten
150 g frische rote Paprika, in Streifen
1 Blattsalat, in Streifen geschnitten
2 grüne Oliven mit Paprikafüllung
Zahnstocher

1. Den Backofen auf 170 °C vorheizen; 2 Backbleche mit Backpapier auslegen. Das Öl mit Essig, Salz, Pfeffer, Senf, Honig und Zitronensaft in ein Schraubglas geben und mit geschlossenem Deckel ca. 10 Sekunden lang kräftig schütteln, bis die Vinaigrette gut vermengt ist.
2. Den Fertigteig auf einer leicht mit Mehl bestreuten Oberfläche in zwei gleich große Hälften teilen. Jede Teighälfte mit den Händen zu einem langen Baguette formen und leicht plattdrücken. Die Baguettes in S-Form bringen, sodass sie sich schlängelnden Schlangen ähneln. Die Oberflächen des Teigs mit einem Messer in regelmäßigen Abständen leicht diagonal einritzen. Jeweils behutsam auf eins der vorbereiteten Backbleche geben und nach Packungsanleitung backen (ca. 20–30 Minuten). Anschließend 20 Minuten abkühlen lassen.
3. Die Brotschlangen jeweils längs halbieren, Oberseiten abnehmen und beiseitelegen. Vinaigrette nochmal durchschütteln und jeweils etwas davon auf die Unterseiten träufeln. Gleichmäßig mit Salami, Schinken und Käse belegen. An der »Nase« der Schlangen jeweils ein Stück gefaltete Wurst als zischelnde »Zunge« überstehen lassen.
4. Peperoni, Oliven und Paprikastreifen auf dem Belag verteilen. Salzen, pfeffern und mit den Salatstreifen toppen. Zum Schluss die Schnittflächen der oberen Brothälften mit Vinaigrette besprenkeln. Auf die belegten Hälften setzen und leicht andrücken.
5. Die Schlangen vorsichtig auf einem großen Servierteller oder einem Schneidebrett arrangieren. Die Oliven halbieren und mit Zahnstochern als Augen jeweils oben an der »Nase« der Schlangen befestigen. Zum Servieren die Sandwich-Schlangen quer in ca. 5 cm breite Schnittchen schneiden.

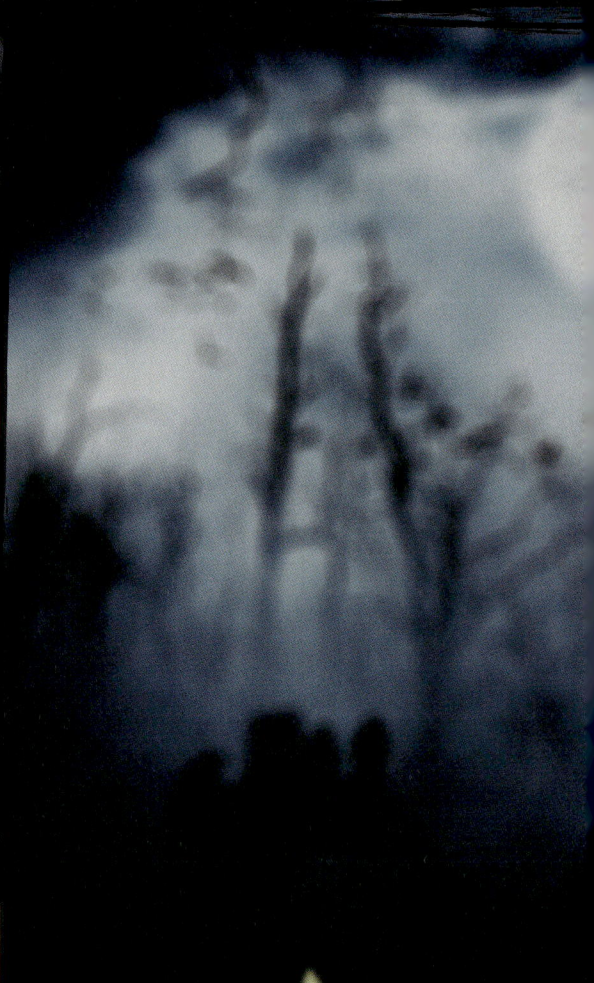

# HORROR-D'ŒUVRE

Wie könnte man eine gediegene Henkersmahlzeit besser einläuten, als mit ein paar leckeren Horrord'œuvre? Beim Ausmisten der Vorratskammer habe ich zufällig einige Dinge gefunden, aus denen sich mit etwas entarteter Fantasie wahre Kötzlichkeiten zaubern lassen. Was ist mit euch? Würdet ihr nicht auch für ein paar Amuse-Gräuel sterben? Dann habt ihr jetzt die Chance dazu!

# GRABWURMSALAT

Mit diesem Rezept erwartet euch ein wahrer Gaumengraus, Freaks! Falls ihr vorhabt, für eure engsten Freunde und Verwandten eine kleine Soirée zu geben, dann kommt ihr an diesem deliziösen Leckerbissen nicht vorbei. Köstliche schwarze Grabwürmer, schmackhafte mutierte Flusskrebse und eine herzhafte Tunke aus allerlei Zeug, das ich neulich draußen im Schuppen in einer alten Kühltasche gefunden habe, garantieren ein Geschmackserlebnis, das allen auf ewig im Gedächtnis bleiben wird. Ja, mehr noch: Wahrscheinlich gilt diesem einzigartigen Salat sogar ihr allerletzter Gedanke!

**Ergibt: 4–6 Portionen • Zubereitungszeit: 30 Minuten**

## ZUTATEN

2 TL feiner Senf
4 EL Essig
7 EL Olivenöl
Salz
Pfeffer
½ Bund Petersilie
50 g getrocknete Tomaten
125 g Rucola-Salat
4 EL feine Kapern (zzgl. etwas Kapernsud)
500 g schwarze Spaghetti (Spaghetti al Nero di Seppia)
250 g Flusskrebsfleisch (vorgekocht)

1. In einer großen Schüssel den Senf gründlich mit dem Essig verrühren. Öl, Salz und Pfeffer dazugeben und alles zu einer Vinaigrette vermengen.
2. Die Petersilie waschen, gut trocken schütteln und fein hacken. Die getrockneten Tomaten ebenfalls fein hacken. Rucola-Salat waschen, gut trocken schütteln und putzen: Die Stiele entfernen, große Blätter evtl. zerzupfen.
3. Die Vinaigrette nochmal mit einem Schneebesen gut durchschlagen. Petersilie, Tomaten, Rucola, Kapern und Kapernsud dazugeben. Alles behutsam miteinander vermengen.
4. Die Spaghetti gemäß Packungsanleitung in Salzwasser bissfest kochen. In ein Sieb geben, kurz mit kaltem Wasser abschrecken und gut abtropfen lassen.
5. Abgetropfte Spaghetti zusammen mit den Flusskrebsen in die Schüssel mit der Vinaigrette geben. Alles vorsichtig miteinander mischen. Gegebenenfalls mit etwas zusätzlichem Essig, Pfeffer und Salz abschmecken. Sofort servieren.

# MONSTERSPINNENEIER MIT SCHLEIMHAUBE

**Ihr glaubt, ihr wisst schon alles über Spinnen? Von wegen! Nehmt zum Beispiel das: Einer hochwissenschaftlichen Studie zufolge fressen sämtliche Spinnen auf der Welt zusammen jährlich bis zu ungefähr 800 Millionen Tonnen Beute. Das bedeutet, alle Spinnen auf der Erde könnten binnen Jahresfrist sämtliche Menschen verspachteln und hätten immer noch Hunger. Da behaupte noch mal einer, hier bei mir in der Küche gäb's nichts zu lernen!**

**Für 8 Portionen • Zubereitungszeit: ca. 20 Minuten (zzgl. mind. 3 Stunden Einziehzeit)**

### Zutaten

8 mittelgroße Eier
300 ml Blaubeer- oder schwarzer Johannisbeersaft
1 große Avocado
2 Teelöffel Zitronensaft (frisch gepresst)
2 Esslöffel Frischkäse
2–3 Teelöffel Wasabi
Salz
Pfeffer
schwarze Sesamkörner

1. In einem Topf Wasser zum Kochen bringen. Die Eier eins nach dem anderen mit einem Esslöffel hineingeben und 8–10 Minuten hart kochen. Das Wasser abgießen und die Eier in einer Schüssel mit eiskaltem Wasser (möglichst mit Eiswürfeln drin) abschrecken.
2. Eier anschließend nicht pellen, sondern lediglich rundherum leicht mit einem Esslöffel anschlagen, sodass die Schale feine Risse bekommt. Den Blaubeersaft in eine hohe, kleine Schüssel geben. Die Eier so hineinlegen, dass sie komplett vom Saft bedeckt sind. Nun mindestens 3 Stunden oder noch besser über Nacht kühl stellen, damit der Saft gut in die Eier einziehen kann.
3. Die Eier – die jetzt über und über von dunklen »Äderchen« durchzogen sind – aus dem Saft nehmen, mit Küchenpapier etwas trocken tupfen und behutsam abpellen. Anschließend halbieren und das Eigelb jeweils mit einem Teelöffel herauslösen.
4. Die Avocado halbieren, das Fruchtfleisch auslösen und in eine Schüssel geben. Zitronensaft, Frischkäse und Wasabi unterrühren. Das Eigelb dazugeben und alles mit einem Stabmixer fein cremig pürieren. Mit Salz und Pfeffer abschmecken.
5. Die Creme in einen Spritzbeutel geben und in die Eierhälften füllen. Wer gerade keinen Spritzbeutel zur Hand hat, kann auch einfach einen Gefrierbeutel nehmen, von dem ihr eine kleine Ecke abschneidet. Sparsam schwarzen Sesam auf die Füllung streuen. Fertig!

# KRAKENCOCKTAIL

Ich muss gestehen, dass ich mir nicht allzu viel aus Fisch mache. Abgesehen davon, dass die Dinger ausgesprochen unappetitlich aussehen, muss man wegen all dieser fiesen Gräten auch noch verteufelt aufpassen, dass einem das Essen nicht im Halse steckenbleibt. Und zum Knuddeln taugen die Viecher auch nicht. Kraken hingegen finde ich ganz entzückend! Ich habe sogar einen Riesenkraken adoptiert, den ich liebevoll Mr. Squid nenne. Es ist zwar nicht ganz einfach, ihn in der Badewanne zu halten, doch außer dass Kraken nach eigenem Gusto ihre Farbe und Struktur ändern können, besitzen sie noch eine weitere ganz erstaunliche Gabe, die sie für die Kotztronomie extrem interessant macht: Kommen ihnen Gliedmaßen wie z. B. Tentakeln abhanden, lassen sie sich einfach neue nachwachsen. Ich kann meinen Gästen also jederzeit frischen Krakencocktail servieren, ohne dass mir je die Zutaten ausgehen. Dafür versorge ich Mr. Squid alle paar Tage mit knackigem Frischfleisch, denn Riesenkraken verzehren nur Lebendfutter.

**Ergibt: 4 Portionen • Zubereitungszeit: 20 Minuten**

## ZUTATEN

120 g Salatmayonnaise
3 EL Tomatenketchup
2 TL Meerrettich
3 EL Sahne
½ geriebene Bio-Zitronenschale
2–3 Spritzer Worcestersoße
Salz
Pfeffer
½ TL Paprikapulver, edelsüß
120 g Mandarinen aus der Dose
80 g frische Champignons
½ Kopfsalat
20 große Surimi-Garnelen
1–2 Stiele frischer Dill

1. Die Mayonnaise mit Ketchup, Meerrettich und Sahne in eine Schüssel geben. Alles mit einem Schneebesen schön glatt rühren. Mit Zitronenschale, Worcestersoße, Salz, Pfeffer und Paprikapulver würzen.
2. Die Mandarinen in einem Sieb abtropfen lassen, dabei den Saft in einer Schüssel auffangen. Den Mandarinensaft teelöffelweise zur Cocktailsoße geben, bis ihr die gewünschte Konsistenz erreicht. Nochmals glatt rühren.
3. Die Champignons putzen und in möglichst dünne Scheiben schneiden. Mit den abgetropften Mandarinen vorsichtig unter die Cocktailsoße mischen.
4. Den Kopfsalat waschen, gut trocken schleudern und die Blätter abzupfen. Auf 4 weite Cocktailgläser verteilen. Je 1 Portion der Mischung aus Champignons, Mandarinen und Cocktailsoße daraufgeben.
5. Surimi-Garnelen abtropfen lassen und je 5 Stück so in die Soße stecken, dass sie wie die Tentakel einer Riesenkrake über den Rand des Glases ragen. Mit dem Dill garnieren und sofort servieren.

BLOODTYPE
A
B
AB
O
Other
FORM #2307
Rx Only

# SCHLÜRF UND SCHLABBER

Also, ich weiß ja nicht, wie's euch geht, aber ich liebe Suppen und Eintöpfe – nicht zuletzt, weil die Zubereitung so herrlich simpel ist. Man schmeißt einfach alles, was der Kühlschrank nach zwei Monaten Stromausfall so hergibt, in einen Topf, gibt ein paar Kellen Sumpfwasser hinzu, lässt das Ganze zehn bis siebzehn Stunden köcheln, damit auch die härtesten Knorpelstücke butterweich werden… Et voilà: Am Ende hat man was Zusammengekochtes, bei dem es keine Rolle spielt, was genau da eigentlich drin ist. Na, klingt das nicht lecker?

# SCHLEIM À LA SURPRISE

Eine ganz besonders schleimige Überraschung erwartet euch mit diesem Gericht: Schleim à la Surprise besteht aus den besten Zutaten, die die Chemie- und Düngemittelfabriken in der Gegend tagaus, tagein in unser kleines Bächlein entsorgen, das hinter dem Haus entlangfließt! Da sind all die guten Sachen drin, die unser Leben erst lebenswert machen: Antibiotika, Hormone, Schwermetalle, Pestizide, Schmerzmittel und alle möglichen anderen pharmazeutischen Substanzen, die man sich sonst für teuer Geld vom Onkel Doktor verschreiben lassen muss. Hier gibt's die volle Dröhnung – kostenlos und ohne Rezept! Das Geld fürs nächste Peeling kann man sich da getrost sparen – ein Bad in dieser Brühe genügt, und sämtliche Probleme mit schlechter Haut gehören ein für alle Mal der Vergangenheit an: weil man keine Haut mehr hat!

**Ergibt: 6–8 Portionen • Zubereitungszeit: 2,5 Stunden (davon 2 Stunden Garzeit)**

## ZUTATEN

20 g Schweineschmalz
1 kg Erbsen (TK)
300 g Bauchspeck, klein gewürfelt
2 mittelgroße Zwiebeln, gehackt
2 große Karotten, gewürfelt
1 Stück Knollensellerie, gewürfelt
1 Stange Porree, in Streifen geschnitten
8 TL gekörnte Gemüsebrühe
Majoran nach Geschmack
5–8 mittelgroße Kartoffeln (mehlig kochend)
Salz
Pfeffer
Liebstöckel
1 Spritzer Apfelessig
5 Stängel Petersilie, fein gehackt
nach Belieben: 8 Wiener Würstchen

1. Das Schweineschmalz in einem möglichst großen Topf bei mittlerer Hitze schmelzen. Den Bauchspeck dazugeben und anbraten. Zwiebeln zufügen und glasig dünsten. Dann Karotten, Sellerie und Porree unterrühren. Alles unter häufigem Rühren hellbraun andünsten.
2. Nun 1,5 l Wasser dazugießen, umrühren und alles aufkochen lassen. Die gefrorenen Erbsen zufügen und wieder zum Kochen bringen. Dann die Gemüsebrühe und eine gute Prise Majoran dazugeben. (Ohne Schleichwerbung betreiben zu wollen: Ich verwende am liebsten Delikatessbrühe). Alles 30 Minuten bei mittlerer Temperatur köcheln lassen.
3. Inzwischen die Kartoffeln waschen, mit dem Sparschäler schälen und klein würfeln. Zur Suppe geben und alles bei niedriger Hitze weitere 90 Minuten köcheln lassen. Mit einem Kartoffelstampfer den Eintopf gründlich durchstampfen. Mit Salz, Pfeffer, Liebstöckel, Apfelessig und ggf. noch mehr Majoran abschmecken. Zum Schluss die gehackte Petersilie unterrühren.
4. Wer es gern »fleischig« mag, kann einige Minuten vor Ende der Kochzeit noch ganze Wiener Würstchen in den Topf geben, um sie in der heißen Suppe ziehen zu lassen. So besteht nicht die Gefahr, dass die Würstchen »verkochen« und damit an Geschmack verlieren.

Wie bei den meisten Eintöpfen schmeckt auch dieser am nächsten Tag besonders lecker, wenn er Zeit hatte, ordentlich durchzuziehen. Also am besten abends zubereiten und am nächsten Tag vor dem Servieren einfach nochmal langsam aufkochen! Ich nehme an, in dieser Hinsicht sind Eintöpfe wie alte Liebschaften: Beides schmeckt aufgewärmt am besten.

# KÜRBIS IM KÜRBIS

Hier haben wir einen echten Klassiker, der ebenso untrennbar mit Halloween verbunden ist, wie Yin mit Yang, wie Yoko mit Ono, wie ein Siamesischer Zwilling mit dem anderen: Kürbissuppe! Denn nichts sieht unappetitlicher aus als diese zähflüssige gelbe Pampe und ist zudem auch noch so ekelhaft gesund. Würg! Um das Ganze ein bisschen aufzupeppen, servieren wir die Gruselbrühe nicht schnöde auf Tellern, sondern im Kürbis. Also quasi Kürbis im Kürbis. Genial, oder? Ich finde, auf dieser Idee kann man aufbauen! Wie wär's mit Fisch im Fisch? Oder Magen im Magen? Hach, so viele Möglichkeiten und so wenig Hackmesser …

**Für 4 Portionen • Zubereitungszeit: ca. 1 Stunde (davon ca. 40 Minuten Kochzeit)**

## ZUTATEN

4 Hokkaido-Kürbisse à ca. 750 g
2 Schalotten
1 Möhre
1 Knoblauchzehe
200 g Kartoffeln
2 EL Butter
1 TL Paprikapulver edelsüß
2 EL Mehl
900 ml Gemüsebrühe
100 ml Kokosmilch
2 cm frischer Ingwer
4 große Scheiben Schwarzbrot
100 ml Schlagsahne
Salz
Pfeffer
Currypulver
4 TL Kürbiskernöl
etwas frische Petersilie, fein gehackt

1. Den Backofen auf 80 °C Ober-/Unterhitze vorheizen.
2. Die Kürbisse waschen, oben jeweils einen »Deckel« abschneiden. Mit einem Löffel sorgsam das Fruchtfleisch, die Kerne und die Fäden herauslösen. Dabei unbedingt darauf achten, die Schale nicht zu verletzen! Die ausgehöhlten Kürbisse zum Warmhalten in den vorgeheizten Backofen geben.
3. Aus dem ausgelösten Kürbisfruchtfleisch die Kerne und Fäden herausfischen, das Fruchtfleisch würfeln. Die Schalotten schälen und klein würfeln. Die Möhre raspeln. Den Knoblauch abziehen und fein hacken. Die Kartoffeln schälen und würfeln.
4. In einem großen Topf bei mittlerer Hitze die Butter erhitzen. Die Schalotten und den Knoblauch darin glasig andünsten. Die Kürbiswürfel dazugeben und kurz mitdünsten. 1 TL Paprikapulver sowie das Mehl darüberstreuen und anschwitzen. Kartoffeln und Karottenraspel hinzugeben.
5. Die Gemüsebrühe und die Kokosmilch dazugießen. Den Ingwer schälen und in die Suppe reiben. Alles einmal kurz aufkochen und bei schwacher Hitze ca. 40 Minuten zugedeckt köcheln lassen.
6. In der Zwischenzeit mit einem scharfen Messer das Schwarzbrot in Fledermausform schneiden. Alternativ könnt ihr hierzu auch einen entsprechenden Keksausstecher benutzen.
7. Die Suppe mit einem Pürierstab oder im Mixer fein pürieren, die Sahne unterrühren. Mit Salz, Pfeffer und Curry abschmecken. Mit einer Schöpfkelle vorsichtig in die ausgehöhlten Kürbisse füllen.
8. Die Suppe jeweils mit 1 TL Kürbiskernöl und etwas Petersilie garnieren. Je 1 Schwarzbrot-Fledermaus an den Rand stecken, die Deckel halb auflegen und noch schön heiß servieren.

BLOODTYPE
A
B
AB
O
Other
FORM #2307
DONOR
Rx Only
INTENDED RECIPIENT.
1 to 6 C.

# BLUTBRÜHE MIT EINLAGE

**Dies ist die Leibspeise meines alten Kumpels Vladdi Tepes, der dieses Rezept seinerzeit aus seiner Heimat Transsylvanien mitgebracht hat. Er meinte, es stamme noch von seiner Schwippschwägerin, der »Blutgräfin« Elisabeth Báthory, die bekannt dafür war, im Blut von Jungfrauen zu planschen, um sich ihre Schönheit zu erhalten. Im Gegensatz zu Else wollen wir aber nicht in der Brühe baden. Stattdessen bereiten wir ein leckeres Süppchen daraus zu. Wie der Name schon verrät, ist die wichtigste Zutat hierbei Blut. Hauptsache, andere müssen dafür bluten!**

**Ergibt: ca. 6 Portionen • Zubereitungszeit: 1 Stunde**

## ZUTATEN

500 g Rinder-Suppenfleisch
Salz
4 große Kartoffeln
1 große Möhre
1 rote Paprikaschote
300 g Weißkohl
2 vorgekochte Rote Bete
2–3 Lorbeerblätter
400 ml Rinderfond aus dem Glas
1 Zwiebel
2–3 Knoblauchzehen
1 EL Schmalz
5 EL Tomatenmark
200 g Pizzatomaten
Pfeffer
1 Prise Zucker
1 EL Essig
3 Stiele Petersilie, frisch gehackt

1. Das Rindfleisch mit 1 l Wasser und etwas Salz in einem großen Topf gar kochen (ca. 30 Minuten).
2. So lange das Fleisch gart, das Gemüse vorbereiten: Kartoffeln schälen und würfeln. Die Möhre schälen und mit einem Küchenhobel fein raspeln. Die Paprikaschote putzen, entkernen und in kleine Würfel schneiden. Den Weißkohl putzen und in feine Streifen schneiden (ca. ⅓ Kohlkopf).
3. Die Rote Bete fein reiben. Doch Achtung, Freaks: Dieses Zeugs färbt höllisch! Am besten tragt ihr beim Verarbeiten der Rote Bete Gummihandschuhe, so wie ich sie bei meinem Tagwerk eigentlich immer anhabe!
4. Ist das Fleisch gar, aus dem Topf nehmen. Die Fleischbrühe durch ein Sieb in einen anderen großen Topf gießen und bei maximaler Temperatur zum Kochen bringen. Lorbeer, Rinderfond, Kartoffeln und Kohl zur kochenden Brühe geben. Abschmecken und bei Bedarf etwas Salz dazugeben.
5. Zwiebel und Knoblauch abziehen und fein würfeln. In einer Pfanne bei maximaler Hitze im Schmalz glasig dünsten. Das Tomatenmark unterrühren und kurz anschwitzen. Möhrenraspel, Paprikawürfel und Pizzatomaten zufügen. Einige Minuten unter gelegentlichem Rühren garen. Rote Bete gut unterrühren, noch 2–3 Minuten garen, dann zur Brühe geben.
6. Das Fleisch von Fett befreien, kleinschneiden und in den Topf geben. Mit Salz, Pfeffer, Zucker und Essig abschmecken. Nochmal kurz aufkochen lassen. Die Lorbeerblätter herausnehmen und entsorgen. Nun ist eure Blutsuppe – die in gewissen uneingeweihten Kreisen auch als »Borschtsch« bekannt ist – eigentlich fertig zum Schlürfen. Wenn ihr sie vor dem Servieren noch einige Stunden durchziehen lasst, kannt das Zeug sein volles Aroma entfalten und schmeckt noch besser!

# SOL-JAN-KA!

Kennt ihr auch dieses Gefühl, einem fiele die Gruftdecke auf den Kopf? Ich merke, ich brauche dringend mal wieder Urlaub, schließlich bin ich nicht mehr der Taufrischeste, und die ganze Schinderei und Quälerei in letzter Zeit war wohl doch ein bisschen viel. Zwar in erster Linie natürlich für die armen Teufel, die geschunden und gequält wurden! Trotzdem könnte auch ich eine Auszeit vertragen. Vielleicht sollte ich meinem guten, alten Kumpel Ra-Amin-Ka im Tal der Könige einen Überraschungsbesuch abstatten? Denn diese Pharaonenhoschis wissen, wie man denkwürdige Feten schmeißt! Nie werde ich diese Sause damals in Karnak vergessen, inklusive Feuerwerk und Kamelreiten. Da habe ich auch zum ersten Mal diese schmackhafte Kötzlichkeit genossen, ein leckeres Süppchen in meiner Lieblingsfarbe, das ich zu Ehren der alten Muffelmumie Sol-Jan-Ka genannt habe.

**Ergibt: 4 Portionen • Zubereitungszeit: 1 Stunde (fast alles Garzeit)**

## ZUTATEN

300 g Jagdwurst
150 g Salami
150 g Kochschinken
100 g Räucherschinken
1 große Zwiebel
2 Knoblauchzehen
1 EL Öl
3 EL Tomatenmark
150 g Pizzatomaten
1-2 Paprikaschoten
5 große Gewürzgurken
1 l Fleischbrühe
1 Lorbeerblatt
2 EL Paprikapulver edelsüß
1 TL Piment d'Espelette
1 Spritzer Zitronensaft
Salz
Pfeffer
nach Belieben: 50 g Schmand

1. Am Anfang dieses Gerichts steht wüstes Geschnippel: Die Jagdwurst, die Salami und die beiden Schinkensorten in kleine Würfel schneiden. Die Zwiebel häuten und ebenfalls klein würfeln. Die Knoblauchzehen abziehen und kleinschneiden.
2. Die Paprikaschoten waschen, putzen, entkernen und klein würfeln. Die Gewürzgurken abtropfen lassen und ebenfalls in kleine Würfel schneiden. Das ganze Geschnippel beiseitestellen.
3. In einem möglichst großen Topf bei starker Hitze das Öl erhitzen. Räucherschinken leicht anbräunen. Zwiebel und Knoblauch zufügen und glasig dünsten. Das Tomatenmark einrühren und anschwitzen. Alle übrigen Schinken- und Wurstwürfel untermischen und noch weitere 5 Minuten garen.
4. Die Paprikastücke mit Pizzatomaten und Gurkenwürfeln mit in den Topf geben. Mit Fleischbrühe und reichlich Gurkenwasser aus dem Glas aufgießen, sodass der gesamte Topfinhalt großzügig von Flüssigkeit bedeckt ist. Mit Lorbeerblatt, Paprikapulver und Piment würzen und bei mittlerer Hitze 45–60 Minuten köcheln lassen.
5. Das Lorbeerblatt entfernen. Die Suppe mit Zitronensaft, Salz und Pfeffer abschmecken. Zum Servieren in tiefe Teller geben und evtl. jeweils mit einem Klecks Schmand garnieren.

Idealerweise bereitet ihr die Sol-Jan-Ka einen Tag im Voraus zu, damit der Eintopf ordentlich durchziehen kann und die Aromen sich vollends entfalten. In dieser Hinsicht ist dieses Gericht wie eine alte Liebschaft oder eine durch gezielten Blitzeinschlag wiederbelebte Leiche: Aufgewärmt schmeckt's eben immer noch am besten!

# HENKERS-MAHLZEIT

Schmerzlich willkommen, Freaks, und Vorhang auf für die Hauptattraktion unseres abgeschmackten Geschmacksprogramms! Seit dem Mittelalter ist es Brauch, dass Grausbuben, denen das letzte Stündlein schlägt, Anrecht auf ein letztes Mahl haben: auf die sogenannte Henkersmahlzeit. Eine wirklich schöne Tradition, wie ich finde, schließlich werden auf der Überfahrt ins Jenseits keine Snacks angeboten. Die Erlösung von allen irdischen Sünden, klaro, aber keine Snacks. Schade eigentlich!

# GLOTZAUGEN-SCHASCHLIK

**Einige von euch fragen sich sicherlich: Warum ist dieser Butscher eigentlich so wild auf Augen? Immer wieder Augen, in allen möglichen Varianten. Warum? Ganz einfach: Ich liebe Augen! Den Dichtern zufolge sind sie die Fenster zur Seele – außerdem sind sie billig, leicht zu beschaffen und schmecken einfach verteufelt lecker! Bloß der Glaskörper knirscht bisweilen ein bisschen arg beim Durchbeißen.**

**Für 8 Stück • Zubereitungszeit: 45 Minuten (davon 30 Minuten Ruhezeit)**

## ZUTATEN

2 Eier
1 EL Zucker
2–3 TL Vanillezucker
1 Prise Salz
1 Prise Backpulver
150 g Mehl
250 ml Milch
1 TL abgeriebene Bio-Zitronenschale
rote Lebensmittelfarbe
1 EL Rapsöl
2 Bananen, geschält
4 EL Nussnugatcreme
Zuckergussaugen (fertig aus dem Supermarkt)
8 Schaschlikspieße

1. Die Eier, den Zucker und den Vanillezucker in einer Schüssel schaumig schlagen. Salz, Backpulver, Mehl, Milch und Zitronenabrieb unterrühren. Alles so lange vermischen, bis der flüssige Teig anfängt, leichte Blasen zu werfen. Für 30 Minuten im Kühlschrank ruhen lassen.
2. Etwas rote Lebensmittelfarbe mit Wasser anrühren und beiseitestellen. Das Öl in einer großen Pfanne (28 cm Durchmesser) erhitzen und durch Schwenken der Pfanne gleichmäßig darin verteilen.
3. Nun die Hälfte des Teigs in die Pfanne geben und wieder kurz schwenken, sodass der Pfannenboden vollständig mit Teig bedeckt ist. Bei mittlerer Hitze einen Pfannkuchen backen.
4. Sobald sich der Pfannkuchen mit einem Pfannenwender problemlos anheben lässt, kann man ihn umdrehen und auch von der anderen Seite schön goldbraun backen. Den fertigen Pfannkuchen auf einen großen flachen Teller geben und genauso mit dem übrigen Teig verfahren.
5. Beide Pfannkuchen ganzflächig mit der Nussnugatcreme bestreichen und je 1 geschälte Banane in die Mitte legen. Die Pfannkuchen nun jeweils behutsam um die Banane herum aufrollen. Anschließend in jeweils 8 etwa gleich dicke Scheiben schneiden und je 2 Augen auf 1 Spieß stecken.
6. Die Zuckergussaugen als Pupillen behutsam in die Bananenstücke drücken. Nun mit einem feinen Pinsel oder einem Zahnstocher mit der angerührten Lebensmittelfarbe die roten Äderchen auftragen, um den Glotzkugeln den letzten Schliff zu verleihen.

# CTHULHUS LEIBSPEISE

**Rotglühendes Feuer, lodernde Flammen, verzerrte Fratzen, schmerzgepeinigte Schreie – um schon mal eine vage Vorstellung des für dunkle Seelen himmlischen Lifestyles in der Hölle zu bekommen, empfehle ich euch wärmstens dieses Rezept für einen Gaumengraus der besonders feurigen Art. Ein Eintopf, heißer als das Fegefeuer, der direkt aus Luzifers Reich stammen könnte!**

**Für 6–8 Portionen • Zubereitungszeit: 1 Stunde (davon 45 Minuten Kochzeit)**

## ZUTATEN

1 Knoblauchzehe
3 große Schalotten
2 Frühlingszwiebeln
2 EL Olivenöl
500 g Thüringer Mett
100 g Schinkenwürfel
2 Dosen Kidneybohnen, abgetropft (ca. 800 g)
2 Dosen Pizzatomaten (ca. 800 g)
500 g passierte Tomaten
1 Dose Mais (ca. 150 g)
2 EL Tomatenmark
2 Lorbeerblätter
2–3 Pimentkörner
1 Gewürznelke
200 ml Fleischbrühe
200 ml kalter Kaffee
Salz
Pfeffer
Paprikapulver edelsüß
gemahlener Kümmel
Oregano
1 Prise Zimt
Cayennepfeffer
1 Prise Zucker
1 Spritzer Zitronensaft

1. Knoblauch und Schalotten abziehen und fein hacken. Frühlingszwiebel putzen, waschen und klein schneiden.
2. In einem Topf 1 EL Öl stark erhitzen. Das Mett portionsweise darin anbraten und beiseitestellen.
3. In einem zweiten, möglichst großen Topf Schalotten und Schinkenwürfel im übrigen heißen Öl anbraten. Die Frühlingszwiebeln und den Knoblauch dazugeben und anschwitzen. Das Tomatenmark zufügen und anrösten. Anschließend das Fleisch mit in den Topf geben.
4. Nun Kidneybohnen, Pizzatomaten, Mais und die passierten Tomaten zusammen mit Lorbeerblättern, Piment und Nelke hinzufügen. Mit Brühe und Kaffee aufgießen. Alles gut miteinander verrühren.
5. Nun kräftig mit Salz, Pfeffer, Paprikapulver, Kümmel, Oregano, Zimt und Cayennepfeffer würzen. Ihr könnt auch frisch gehackte rote Chilischote statt Cayennepfeffer nehmen – aber Achtung: Das Chili behutsam »schärfen«; lieber nochmals nachwürzen, als zu riskieren, dass das Ganze am Ende zu scharf wird und wir uns im Sauerstoffzelt wiedersehen!
6. Das Ganze 10 Minuten ohne Deckel unter regelmäßigem Umrühren köcheln lassen. Dann einen passenden Deckel auflegen und bei niedriger Hitze nochmals 20–30 Minuten schmoren. Mit Zucker und Zitronensaft abschmecken und auftischen.

# EXPLODIERTES HUHN

Spieglein, Spieglein, an der Wand, wer ist der genialste Koch im ganzen Land? Na, die Antwort darauf dürfte wohl auf der Hand liegen, nicht wahr, Kinderchen? Einer der Gründe hierfür ist zweifellos meine Gabe, aus allem etwas Essbares zusammenpanschen zu können. Ob das Ganze genießbar ist, das steht auf einem anderen Blatt ... des Obduktionsberichts! Hehehe! Im vorliegenden Fall kann ich allerdings Entwarnung geben, denn für die Zubereitung dieses Süppchens habe ich nur die besten Zutaten verwendet, die ich nach dem Stromausfall letzten Monat noch im Kühlschrank hatte. Da musste man den Schimmel mit der Lupe suchen! Und wenn's euch trotzdem nicht schmeckt ... dann können wir ja gemeinsam ein Hühnchen rupfen!

**Ergibt: 4 Portionen • Zubereitungszeit: 2 Stunden (fast alles Garzeit)**

## ZUTATEN

1 frisches Hühnchen, ca. 1,2 kg (kein Suppenhuhn, lieber ein Brathühnchen!)
1 EL Olivenöl
1 große Schalotte, fein gehackt
150 g Sellerieknolle, in grobe Würfel geschnitten
3 Möhren, fein gewürfelt
1 Stange Porree, in feine Ringe geschnitten
1 Glas Geflügelfond (400 ml)
Salz
Pfeffer
400 g Langkornreis
1 Becher Schlagsahne (250 g)
1 Glas kleine Kapern
1 Bund Schnittlauch

1. Das Hühnchen gründlich waschen und ggf. noch vorhandene Federreste abzupfen. In einen möglichst großen Topf geben.
2. Olivenöl in einer Pfanne erhitzen. Schalotten und das Suppengemüse (Sellerie, Möhren, Porree) unter häufigem Rühren etwas anbraten. Alles in den Topf mit dem Hühnchen geben.
3. Den Geflügelfond dazugießen und so viel Wasser in den Topf füllen, dass das Hühnchen komplett damit bedeckt ist. Salzen, pfeffern und bei mittlerer Temperatur ca. 90 Minuten köcheln lassen.
4. Das Hühnchen ist gar, wenn es leicht auseinanderzufallen beginnt. Dann aus der Brühe nehmen, die Haut entfernen und sorgsam das »gute« Fleisch abzupfen. Das Hühnchenfleisch in mundgerechte Stücke schneiden und beiseitestellen. Die Reste entsorgen (oder an die Ozelots im Hof verfüttern).
5. Die Brühe mit Gemüse durch ein Sieb in einen weiten Topf gießen. Zum Kochen bringen und bei starker Hitze auf etwa ⅓ einkochen lassen. Inzwischen den Reis nach Packungsanleitung zubereiten.
6. Die Sahne zur eingekochten Brühe gießen, mit dem Schneebesen einrühren und alles bei mittlerer Hitze cremig einköcheln lassen. Mit etwas Kapernwasser aus dem Glas und Pfeffer abschmecken.
7. Den Schnittlauch waschen, trocken schütteln und in Röllchen schneiden. Die Geflügelstücke und abgetropfte Kapern in die Soße geben und alles nochmals erhitzen. Auf dem Reis anrichten, mit Schnittlauch bestreuen und servieren.

# PIZZA KOTZA MONSTRA

Es ist angerichtet, ihr Gierschlünde und Halsabschneider! Diesmal habe ich ein traditionelles Familienrezept für euch, geradewegs aus der Heimat meiner Vorfahren. Denn nur die wenigsten wissen, dass ich neben allen möglichen anderen auch italienische Wurzeln habe. Sì, sì! Le due cupole grandi della cattedrale di Milano und dergleichen. Meine Urgroßmama mütterlicherseits war eine echte Skeletti, weshalb mein Name bei der Kotza Monstra auch heute noch einiges Gewicht besitzt. Und wenn euch ein Mitglied dieser ehrenwerten Gesellschaft zum Essen einlädt, dann ist das ein Angebot, das man besser nicht ablehnen sollte – es sei denn, ihr seid scharf auf neue Schuhe. Und zwar auf neue Betonschuhe, um damit ein paar Runden im Hafenbecken zu drehen!

**Ergibt: 2 Pizzen • Zubereitungszeit: ca. 30 Minuten**

## ZUTATEN

1 Zwiebel
2 Knoblauchzehen
150 g Salami
3–4 Scheiben Goudakäse
10 schwarze Oliven ohne Stein
1 EL Olivenöl
100 g Schinkenwürfel
500 g passierte Tomaten
1 EL Balsamicoessig
Salz
Pfeffer
2 EL italienische Kräuter
1 Packung frischer Pizzateig (400 g)
200 g Pizzakäse, gerieben

1. Den Backofen auf 200 °C vorheizen. Zwei große runde Pizzableche mit zugeschnittenem Backpapier auslegen oder mit Antihaftspray besprühen.
2. Die Zwiebel und den Knoblauch abziehen, fein hacken bzw. durchpressen. Die Salamischeiben zu spitzen Winkeln zuschneiden, die wie Reißzähne aussehen. Den Scheibenkäse kreisrund ausschneiden, um »Augen« verschiedener Größe zu bilden. Die Oliven jeweils hälftig teilen.
3. Das Olivenöl in einem Topf erhitzen. Zwiebeln und Knoblauch darin glasig dünsten. Die Schinkenwürfel dazugeben und scharf anbraten. Passierte Tomaten unterrühren, aufkochen und 5 Minuten offen köcheln lassen. Mit Essig, Salz, Pfeffer und der Hälfte der italienischen Kräuter abschmecken.
4. Den Pizzateig in zwei gleich große Hälften teilen. Auf der leicht bemehlten Arbeitsfläche nacheinander flach und rund ausrollen. Auf die vorbereiteten Pizzableche legen.
5. Pizzaböden mit Tomatensoße bestreichen. Mit Käse und restlichen Kräutern bestreuen. Die Käsekreise als Monsteraugen jeweils in der oberen Hälfte der Pizza anordnen und je eine halbe Olive als »Pupille« darauflegen. Mit den Salamiwinkeln ein »Maul« scharfer Zähne formen. Die Pizzen in den vorgeheizten Ofen schieben und ca. 12–15 Minuten backen.

Natürlich steht es euch frei, eure Kreativität bei diesem Rezept voll auszuleben, Freaks. Verpasst der Pizza die grässlichste Monstervisage, die euch in euren Albträumen heimsucht. Oder, noch besser, nehmt euch ein Beispiel an meiner! Obwohl, das wäre dann wahrscheinlich doch ein bisschen zu viel des Guten, schließlich soll das Zeug ja trotz aller Abgeschmacktheit noch gegessen werden.

# GEFÜLLTE SCHRUMPFKÖPFE

Verratet's nicht dem Zoll, Freaks, aber aus meinem letzten Wellnessurlaub im Club Terror in Südamerika habe ich ein hübsches Souvenir mitgebracht: einen sprechenden Schrumpfkopf namens Cabeza Loco, was wohl so viel bedeutet wie »verrückter Schädel, bei dem der Rest fehlt«. Cabeza arbeitete als »Animateur« und Gästebetreuer im Club und war berühmt für sein freches Mundwerk. Ich mochte besonders seine Kannibalenwitze, und als sich mir am Ende meines Aufenthalts die Gelegenheit bot, ergriff ich Loco kurzerhand beim Schopf und nahm ihn mit nach Hause. Eine Zeitlang stand er auf dem Kaminsims, doch irgendwann ging mir sein Gerede auf den Geist. Ein paar Tage später gab's deshalb Schrumpfkopf nach einem alten Inka-Rezept. Sehr deliziös! Und erst diese wundervolle (Grabes-)Ruhe!

**Ergibt: 4–6 Portionen • Zubereitungszeit: ca. 2 Stunden**

## ZUTATEN

6 große Paprikaschoten, orange oder rot
2 Schalotten
500 g Thüringer Mett
Salz
Pfeffer
Muskatnuss
2 EL saure Sahne
2 EL Rapsöl
150 g Schinkenwürfel
400 g Pizzatomaten
500 g passierte Tomaten
3 EL Tomatenketchup
3 EL gekörnte Brühe
50 ml Sahne
Tsatsiki (nach Belieben)

1. Den Backofen auf 150 °C (Umluft) vorheizen.
2. Die Paprika waschen und am oberen Drittel quer durchschneiden. Die Stiele, die Kerne und die weißen Innenhäute entfernen. Den Paprika mit einem scharfen Messer eine gar gräuliche Halloween-Visage verpassen. Die Schalotten schälen und fein hacken.
3. In einer Schüssel das Mett mit Pfeffer, Salz, etwas frisch gemahlenem Muskat und der sauren Sahne vermengen. Die ausgehöhlten Paprika bis zum Rand mit der Fleischmasse füllen. Die vorher abgeschnittenen Deckel wieder aufsetzen.
4. Das Öl in einer Pfanne erhitzen. Die Schalotten darin andünsten, die Schinkenwürfel dazugeben und scharf anbraten. Zusammen mit den Pizzatomaten, den passierten Tomaten, dem Ketchup und der gekörnten Brühe in eine flache feuerfeste Form geben. Alles gut verrühren. Dann die gefüllten Paprika in die Tomatensoße setzen.
5. Alles auf mittlerer Schiene für ca. 90 Minuten in den Ofen geben. Die Paprika in dieser Zeit öfter mit der Soße übergießen, damit sie nicht zu trocken werden. Sobald sie gar sind, 50 ml Sahne zur Soße geben und gut unterrühren. Mit der Tomatensoße und (nach Belieben) einem Klacks Tsatsiki servieren.

# WÜRGER-BURGER

**Dies ist ein wahrer Klassiker der internationalen Schandwirtschaft und besonders beliebt bei denen, die es gern schnell und deftig mögen – bei ihren Lieblingshorrorfilmen genauso wie bei ihren Mahlzeiten! Aber schlingt nicht so beim Essen – nicht, dass ihr am Ende statt in diesen Burger noch ins Gras beißt!**

**Ergibt: 4 Portionen • Zubereitungszeit: ca. 30 Minuten**

## ZUTATEN

1 Zwiebel
600 g gemischtes Hackfleisch
2 EL saure Sahne
2 EL Senf
Salz
Pfeffer
Muskatnuss
4 Scheiben Schmelzkäse
50 g Rucola-Salat
2 Tomaten
3 EL Rapsöl
4 schwarze Burger-Brötchen
Ketchup, Senf, Remoulade nach Belieben
2 große Gewürzgurken
8 Fruchtgummiaugen (zum Dekorieren, nach Belieben)
8 einfarbige Plastikzahnstocher (zum Dekorieren, nach Belieben)

1. Den Backofen auf 150 °C vorheizen.
2. Die Zwiebel schälen, fein würfeln und in einer Schüssel gründlich mit dem Hackfleisch, der Sahne und dem Senf vermischen. Mit Salz, Pfeffer und frisch gemahlener Muskatnuss würzen. Dann 4 flache, gleichmäßig große Frikadellen aus dem Fleischteig formen.
3. Die Käsescheiben mit einem scharfen Messer auf einer Seite eckig zuschneiden wie ein Monstergebiss. Den Salat waschen und trocken schleudern. Die Tomaten waschen, abtrocknen, putzen und in dünne Scheiben schneiden.
4. Frikadellen im heißen Öl scharf anbraten, dann die Hitze reduzieren und bei niedriger Temperatur ca. 5 Minuten durchgaren; dabei einmal wenden. Aus der Pfanne nehmen, auf einen mit Küchenpapier ausgelegten Teller geben.
5. Die Brötchen halbieren und jeweils mit der Schnittfläche nach oben im vorgeheizten Backofen toasten (ca. 2–3 Minuten). Dann nach Belieben mit Ketchup, Senf und Remoulade bestreichen und mit Rucola belegen
6. Gewürzgurken in dünne Scheiben schneiden und die unteren Brötchenhälften damit belegen. Je 1 Frikadelle daraufsetzen und mit je 1 zugeschnittenen Käsescheibe belegen; dabei die »Käsezähne« überstehen lassen. Mit einer Tomatenscheibe krönen und noch etwas Ketchup so daraufgeben, dass er wie Blut an den Zähnen hinabrinnt.
7. Die Burger nochmals für 1 Minute in den Backofen geben, damit der Käse ein wenig schmilzt. Zahnstocher jeweils bis zur Hälfte in eins der Fruchtgummiaugen pieken und so in die Burger stecken, dass zusammen mit dem Käsegebiss eine hübsch hässliche Monsterfratze entsteht. Anschließend sofort servieren!

**Übrigens: Solltet ihr beim Supermarkt eures Vertrauens keine schwarzen Burger-Brötchen finden, könnt ihr auch die normale Variante kaufen und mit schwarzer Lebensmittelfarbe einfärben!**

# SPAGHETTI À LA BORGIA

Mein Psychiater sagt, es ist vollkommen normal, Stimmen zu hören, die eigentlich gar nicht da sind; das würde jedem Zehnten von uns passieren. Man nennt das akustische Halluzinationen. Knifflig wird's, wenn man nicht nur von einer, sondern gleich von einem halben Dutzend Stimmen zugelabert wird. Ich habe regelmäßig Elvis, Jack the Ripper, die Königin von Saba, Dschingis Khan, Fossi Bär und Lucrezia Borgia im Ohr, die zu ihrer Zeit als Giftmischerin einiges an Aufruhr produzierte und mir ständig absonderliche neue Kochrezepte einflüstert. Zum Beispiel dieses hier, auf das jemand mit allen Murmeln im Beutel nie kommen würde, denn wer, der klaren Verstandes ist, käme schon auf die Idee, stangenförmigen Hartweizengries und Tomatensoße miteinander zu kombinieren?

**Ergibt: 4 Portionen • Zubereitungszeit: ca. 30 Minuten**

## ZUTATEN

2 Zwiebeln
1 Knoblauchzehe, fein geschnitten
1 rote Paprikaschote
6 schwarze Oliven ohne Stein
1–2 Mozzarellakugeln
1 EL Olivenöl
100 g Schinkenwürfel
2 EL Tomatenmark
500 g Pizzatomaten
2 TL Gemüsebrühe
2 TL Oregano, getrocknet
2 TL Basilikum, getrocknet
1 TL Rosmarin
500 g Spaghetti
Salz
Paprikapulver
Pfeffer
Selleriesalz
1 Prise Zucker

1. Zwiebeln und Knoblauchzehe abpellen und fein würfeln. Die Paprikaschote waschen, halbieren und entkernen. Von der Schale einige feine Späne abziehen, dann Paprikahälften fein würfeln.
2. 4 Oliven halbieren, die übrigen Oliven in Sechstel schneiden. Mozzarella abtropfen lassen und in Scheiben schneiden. Aus einer der Scheiben dreieckige Zähne schneiden. Alles beiseitestellen.
3. Zwiebeln und Knoblauch im heißen Öl andünsten. Schinkenwürfel und Tomatenmark dazugeben und mit anbraten. Pizzatomaten, die Paprikawürfel und Gemüsebrühe zufügen. Alles verrühren und 10 Minuten köcheln lassen. Oregano, Basilikum und Rosmarin zufügen. Alles weitere 5 Minuten garen lassen.
4. Derweil die Spaghetti nach Packungsanleitung in reichlich Salzwasser bissfest kochen. Gründlich abtropfen lassen und auf vier tiefen Tellern anrichten.
5. Die Soße mit Paprikapulver, Pfeffer, Selleriesalz und Zucker abschmecken. Großzügig in die Mitte der Spaghetti auf den Tellern geben, um ein kreisrundes Gesicht zu formen.
6. 2 Käsescheiben als Augen platzieren und mit halbierten Oliven (als Pupille) und Paprikaspänen (als geplatzte Äderchen) garnieren. Die zurechtgeschnittenen Oliven- und Käsestücke z. B. als Monstergebiss, Schnurrbart und Augenbrauen daraufsetzen und sofort servieren.

# GIFTMÜLL AMERIKANA

Vermutlich wusstet ihr das noch gar nicht, aber ich bin seit Langem begeisterter Horrorloge. Neben der Kulinarik ist die Horrorlogie eines meiner größten Steckenpferde. Gerade blicke ich mit meiner Kristallkugel in eure Zukunft, wo ich etwas Groteskes sehe, das euch auf sonderbare Weise zugleich abstößt und begeistert. Damit meine ich ausnahmsweise mal nicht mich selbst, sondern dieses unappetitlich gesunde Highlight der verschrobenen Küche, eine Gruselspeise, wie sie im Buche steht – im Strafgesetzbuch! Und keine Sorge wegen des gewöhnungsbedürftigen Geruchs: Der Geschmack ist noch viel schlimmer!

**Ergibt: 6 Portionen • Zubereitungszeit: ca. 30 Minuten**

## ZUTATEN

60 g Butter
40 g Mehl
400 ml Milch
250 g kurze breite Nudeln, evtl. grün
150 ml Sahne
250 g Cheddarkäse, gerieben
200 g Tiefkühlspinat, aufgetaut und gehackt
1 EL Zwiebelpulver
1 EL Senf
Meersalz
schwarzer Pfeffer
1 Prise Cayennepfeffer
grüne Lebensmittelfarbe
½ Bund glatte Petersilie, fein gehackt

1. Die Butter bei mittlerer Hitze in einer großen Pfanne oder einem Schmortopf schmelzen. Das Mehl mit einem Schneebesen einrühren und unter ständigem Rühren ca. 1–2 Minuten lang gut mit der Butter verquirlen.
2. Die Milch dazugießen und dabei ständig weiter umrühren, bis alles gut vermischt ist und keine Mehlklümpchen mehr zu sehen sind. Zum Kochen bringen und 6–8 Minuten köcheln lassen.
3. Derweil in einem separaten Topf nach Packungsanleitung die Nudeln zubereiten. Die Nudeln anschließend in einem Sieb gut abtropfen lassen.
4. Die Soße vom Herd nehmen. Sahne und Käse unterrühren, bis der Käse komplett geschmolzen ist. Den aufgetauten Spinat mit in den Topf geben und alles gründlich miteinander vermischen.
5. Mit Zwiebelpulver, Senf, Salz, Pfeffer und Cayennepfeffer würzen. Evtl. dem Ganzen optisch mit etwas grüner Lebensmittelfarbe noch ein bisschen auf die Sprünge helfen.
6. Die abgetropften Nudeln zur Soße geben und untermischen, bis die Pasta vollständig mit dem grünen Zeug überzogen ist. Die Petersilie behutsam unterrühren und den Giftmüll Amerikana sofort servieren.

# SCHREI-LAGEN

Es gibt Dinge, die gehören einfach zusammen. So wie Topf und Deckel. Mett und Brötchen. Dr. Jekyll und Mr. Hyde. Oder Kopf und Nacken. Es ist eine Art Symbiose: Das eine kann ohne das andere nicht sein. Hin und wieder ist man zwar durch gewisse Umstände gezwungen, der »natürlichen Ordnung der Dinge« ein Schnippchen zu schlagen. Einige Sachen jedoch sollte man niemals trennen, weil sie nur gemeinsam ihr volles Potenzial entfalten. Dementsprechend findet ihr hier ein paar kleine, aber feine Metzgerfüllsel, die eurer Henkersmahlzeit erst den richtigen »Schneid« verleihen.

# GEISTERSTAMPF

**Okay, okay, beruhigt euch, ihr Schwachmaten und weichgespülten Öko-Okkultisten da draußen: Bevor ihr jetzt anfangt, die Mistgabeln rauszuholen und in bittere Tränchen ausbrecht ob des gar gräulichen Gedankens, eine spirituelle Entität könnte für dieses schnöde Gericht ihr edles Ektoplasma geopfert haben, seid beruhigt: Für dieses Gericht wurden ungeachtet des Namens keinerlei Geister zerstampft! Natürlich heißt das nicht, dass ich's nicht versucht hätte; im Gegenteil. Aber Gespenster einzufangen ist fast noch schwieriger, als einen ehrlichen Gebrauchtorganhändler zu finden: Spätestens, wenn die Geister den Stampfer sehen und begreifen, was ihnen blüht, ist die Sache gelaufen.**

**Ergibt: 4 Portionen • Zubereitungszeit: ca. 40 Minuten**

## ZUTATEN

800 g mehlig kochende Kartoffeln
Salz
1 Handvoll TK-Erbsen
200 ml lauwarme Milch
40 g Butter in Flöckchen
Pfeffer
Muskatnuss

1. Die Kartoffeln schälen und vierteln. In einem ausreichend großen Topf Wasser zum Kochen bringen. Großzügig Salz ins Wasser geben. Die Kartoffeln hineingeben und ca. 30 Minuten köcheln lassen.
2. Die Erbsen mit wenig Wasser in einem kleinen Topf aufkochen lassen und 3–4 Minuten garen. Abgießen, kalt abschrecken, abtropfen lassen und beiseitestellen.
3. Die Kartoffeln abgießen und in eine große Schüssel geben. Etwas ausdampfen lassen und gleichmäßig mit einem Kartoffelstampfer zerdrücken (oder durch eine Kartoffelpresse in die Schüssel drücken).

4. Die Milch und die Butterflocken in die Schüssel geben und mit einem Schneebesen alles so lange verrühren, bis ein schön cremiges und fluffiges Püree entsteht. Mit Salz, Pfeffer und einer Prise frisch geriebenem Muskat abschmecken.
5. Zum Anrichten mit einer Suppenkelle jeweils einen guten Klacks Kartoffelbrei auf den Teller geben und die Kelle dabei nach oben ziehen, um das Püree ohne viel Mühe in die gewünschte Geisterform zu bringen. Die Geister mit je 2 vorgegarten Erbsen als Augen versehen und sofort servieren.

# MINI-REISKÜRBISSE

Wenn es etwas gibt, das man mit Halloween verbindet, dann Kürbisse. Eigentlich wollte ich zur Feier dieses unheiligen Tages deshalb Kürbisbowle mit ganzen Früchten servieren, doch letzten Endes habe ich mich stattdessen für diese aparte Kleinigkeit entschieden, die hervorragend zu nahezu jeder Henkersmahlzeit in diesem wonniglichen Büchlein passt und dabei nicht zu schwer im Magen liegt. Nicht, dass die Klappe unterm Galgen unter der Last eurer geballten Unschuld zu früh aufgeht. Wir wollen doch nicht, dass der Spaß zu schnell vorbei ist, gelle? In diesem Sinne: Es ist hingerichtet!

**Ergibt: 2 Portionen • Zubereitungszeit: 20 Minuten**

## ZUTATEN

150 g Klebreis
(oder Sushireis)
50 g Möhre
2–3 EL Tomatenketchup
½ kleine Karotte, fein gerieben
1 TL Gemüsebrühe
etwas Pfeffer
1 Noriblatt
1 Selleriestiel

1. Den Reis nach Packungsanleitung zubereiten. Dabei darauf achten, dass der Reis möglichst klebrig ist. Hierfür ist das richtige Verhältnis von Wasser und Reis wichtig. Die Faustregel lautet: Auf 1 Tasse Reis kommt 1 Tasse Wasser. Das Wasser während der Garzeit zudem auf keinen Fall kochen, sondern bloß köcheln lassen, damit der Reis das Wasser aufsaugen und dabei langsam aufquellen kann.
2. Die Möhre putzen, waschen und fein raspeln. Die Raspel in einer Schüssel gut mit dem Ketchup, der Gemüsebrühe, dem Pfeffer und dem gekochten Reis vermischen, bis die Masse eine gleichmäßig hellorangene Farbe hat.
3. Ein Stück Frischhaltefolie auf der Arbeitsfläche auslegen und die Hälfte vom Reis in die Mitte geben. Die Folie fest um den Reis wickeln, um einen Ball zu formen. Den Ball auswickeln und vorsichtig auf einen flachen Teller geben. Beiseitestellen und den Vorgang mit dem restlichen Reis wiederholen.
4. Den Selleriestiel waschen und in 2 kleine Stücke von jeweils 3 cm schneiden. Am besten darauf achten, dass Blattgrün dranbleibt. Als Nächstes kleine Stücke aus dem Noriblatt ausschneiden, um damit Augen und Mund der Halloween-Kürbisse zu gestalten.
5. Zu guter Letzt die Selleriestücke oben in den Reisball stecken. Nochmals fest mit Frischhaltefolie umwickeln, damit die Noristückchen am Reis kleben bleiben. Die Reisbälle schließlich wieder von der Folie befreien und sofort servieren.

# ZUCKER-SCHOCKER

Seid gewarnt, Freaks: Die Gerichte in dieser Rubrik sind echte Schocker! Von wegen, Zucker sei was ganz Schlimmes! Im Gegenteil: Zucker ist Spaß! Zucker ist Freude! Ja, Zucker bringt die Menschen zusammen! Mit diesen kötzlichen Desserts und Süßspeisen z. B. lernt ihr im Handumdrehen lauter neue Leute kennen – unter anderem den guten Onkel Zahndoktor, der ab sofort jedes Mal, wenn er euch sieht, im Geiste schon mal die Fräse anschmeißt: Srrrrrrrr! Srrrrrrr! Srrrrrrr! Aaah, ich liebe das Surren von Dentalbohrern am Morgen!

RIP

# FRIEDHOFS-SCHMANKERL

**Heute habe ich eine ganz besondere Delikatesse für euch und die Zubereitung ist auch noch denkbar simpel: Schnappt euch einfach Schaufel und Eimer und stattet – möglichst bei Vollmond und in tiefster Nacht – dem nächstbesten Friedhof einen Besuch ab. Sucht euch ein frisches Grab und schaufelt die feine Erde in eure Eimer. Und keine Sorge: Die anderen zwielichtigen Gestalten, die mit Karre und Schaufel auf dem Totenacker rumschleichen, sind keine Grabräuber – sondern andere Schleckermäuler, die sich das eine oder andere Eimerchen Graberde für dieses schauerlich kötzliche Dessert besorgen!**

**Ergibt: 10 Portionen • Zubereitungszeit: ca. 20 Minuten (zzgl. 2–3 Stunden Ruhezeit)**

## ZUTATEN

1 Vanilleschote
300 g Zartbitterschokolade, grob gehackt
1.250 ml Milch
2 MSP Bio-Orangenabrieb
7 Eigelb
100 g Zucker
2½ EL Speisestärke
20 Schokoladenkekse
1 EL Kakaopulver
etwas geschmolzene Zartbitterkuvertüre oder 1 schwarzer Lebensmittelstift
10 Butterkekse

1. Die Vanilleschote mit einem scharfen Messer der Länge nach aufschneiden und das Innere in einen mittelgroßen Topf kratzen. Die Schokolade, die Milch (bis auf ein paar EL) und den Orangenabrieb dazugeben. Bei mittlerer Hitze unter ständigem Rühren erwärmen. Achtung: Die Milch darf nicht kochen!
2. Eigelb und Zucker mit den Schneebesen des Handmixers schaumig rühren. Die Speisestärke in der übrigen Milch glatt rühren, unter den Eigelbschaum rühren und alles gut vermengen. Zur warmen Schokomilch gießen und alles unter ständigem Rühren andicken lassen.
3. Den Topf vom Herd nehmen. Den Pudding noch kurz weiterschlagen, ehe ihr ihn in die gewünschten Servierbehältnisse gebt und im Kühlschrank komplett abkühlen und mindestens 2–3 Stunden fest werden lasst. Ihr könnt das Schauer-Schmankerl aber auch problemlos über Nacht kühlen.
4. Kurz vor dem Schmaus die Schokokekse und das Kakaopulver in einen Gefrierbeutel geben, verschließen und alles zu kleinen Bröseln zerkrümeln. Mit etwas geschmolzener Zartbitterkuvertüre oder einem schwarzen Lebensmittelstift die Butterkekse wie Grabsteine beschriften.
5. Erst direkt vor dem Servieren die »Grabsteine« aufrecht in den erkalteten Pudding stecken, damit sie nicht aufweichen. Die Mischung aus Kakao und Kekskrümeln als »Erde« gleichmäßig auf dem Pudding und rund um die »Grabsteine« herum verteilen.

# AUGENDONUTS

Preisfrage: Was ist noch besser als ein Donut mit Augen? Antwort: Ein Donut mit ganz vielen Augen! Für gewöhnlich würde man bei der Zubereitung dieser Leckerschmecker mit literweise heißem Öl herumhantieren, was in mir stets wehmütige Erinnerungen an meine Vergangenheit als Folterknecht weckt. Doch da mir eure Gesundheit lieb und teuer ist, greifen wir bei diesem Rezept stattdessen in weiser Voraussicht lieber auf den Ofen zurück. Nicht, dass die Sache noch ins Auge geht!

**Ergibt: 6 Donuts • Zubereitungszeit: 30 Minuten (zzgl. ca. 1,5 Stunden zum Backen und Gehenlassen)**

## ZUTATEN

1 Donut-Backform, möglichst mit sechs Mulden

### FÜR DIE DONUTS:

200 g Mehl
1 EL weiche Butter
1 ½ TL Trockenhefe
3 EL Zucker
1 Prise Salz
100 ml lauwarme Milch
1 Ei

### FÜR DIE AUGEN:

100 g weißes Fondant
100 g Zartbitterkuvertüre, grob gehackt

### FÜR DIE SCHOKOGLASUR:

100 g Zartbitterkuvertüre
2 EL Butter
2 EL Milch
30 g Puderzucker

1. Den Backofen auf 200 °C vorheizen. Die Mulden der Backform mit etwas Butter ausstreichen und mit ein wenig Mehl einstäuben.
2. Das übrige Mehl in eine Schüssel sieben und eine Vertiefung in die Mitte drücken. Die Hefe hineinstreuen; Zucker, 1 EL Butter und Salz hinzufügen. Alles gründlich miteinander vermischen. Die Milch und das Ei dazugeben und alles verkneten, bis sich der Teig von der Schüsselwand löst.
3. Den Teig in 6 gleich große Stücke aufteilen und zu Kugeln formen. Mit einem Kochlöffelstiel jeweils ein Loch in die Mitte stechen, die Teigbatzen vorsichtig zu Ringen auseinanderziehen und in die Mulden der vorbereiteten Backform setzen. Mit einem Küchentuch abgedeckt an einem warmen Ort 60 Minuten lang gehen lassen.
4. Dann die Donuts 12–15 Minuten im vorgeheizten Ofen backen. Anschließend herausnehmen und ca. 30 Minuten abkühlen lassen. Die Donuts dann behutsam aus der Backform auf die Arbeitsfläche stürzen.
5. Aus dem weißen Fondant unterschiedlich große »Augen« formen. Jeweils leicht plattdrücken und leicht antrocknen lassen. Die Kuvertüre im warmen Wasserbad schmelzen, in einen Spritzbeutel mit kleiner Tülle geben und vorsichtig damit die »Pupillen« auf die Augen spritzen. Wiederum einige Minuten trocknen lassen. (Selbstverständlich könnt ihr alternativ auch fertige Dekor-Zuckeraugen verwenden, wenn ihr euch etwas Zeit und Mühe sparen wollt.)
6. Für die Glasur im warmen Wasserbad die Kuvertüre mit der Butter schmelzen. Die Milch und den Puderzucker unterrühren. Alles gut miteinander vermischen, bis eine glatte Glasur entsteht. Die abgekühlten Donuts zur Hälfte in die Schokoglasur tauchen und mit der glasierten Oberfläche nach oben auf eine Platte legen.
7. Die Fondant-Augen in die noch warme Glasur drücken. Vor dem Servieren die Donuts noch einige Minuten bzw. so lange ruhen lassen, bis der Schokoguss vollständig fest wird.

# DEIN IST MEIN GANZES HERZ!

**Jede trauernde Witwe weiß: Der kürzeste Weg zum Herz eines Mannes – führt geradewegs durch seinen Brustkorb! Anfangs ist natürlich erstmal alles Eiter-Sonnenschein, inklusive rosaroter Brille, Frühstück ans Bett und Grabblumen zum Valentinstag. Doch spätestens, wenn aus den zarten Liebesbanden Ketten werden und sie romantische Gefühle für die Kettensäge ihres Herrn Gemahls entwickelt, sollte man anfangen, sich Gedanken zu machen – nicht, dass beim nächsten Streit noch einer den Kopf verliert! Damit es bei euch gar nicht erst so weit kommt, kredenzt am besten dieses blutrote Herz: Wenn es stimmungsvoll wackelt, sieht man es förmlich aufgeregt schlagen!**

**Ergibt: 1 Herz • Zubereitungszeit: ca. 20 Minuten (plus 6 Stunden Abkühlzeit)**

## ZUTATEN

6 Blätter Gelatine
400 ml Kirschsaft
40 g Zucker
1 Herz-Puddingform
etwas Kirschsirup (zum Dekorieren)

1. Die Gelatineblätter wenige Minuten in kaltem Wasser einweichen. Den Kirschsaft in einem Topf erwärmen, aber nicht kochen! Gelatineblätter nacheinander gut ausdrücken und zufügen, dabei mit einem Schneebesen gut verrühren, bis die Gelatine sich vollends aufgelöst hat.
2. Den Zucker dazugeben und wiederum rühren, bis vom Zucker nichts mehr zu sehen ist. Aber Achtung, Freaks: Übertreibt's in eurem Überschwang nicht mit dem Rühren, da das Saft-Gelatine-Gebräu sonst schäumt, und das wollen wir nicht!
3. Den Wackelpudding etwas abkühlen lassen. Inzwischen eine Puddingform mit kaltem Wasser ausspülen. Die Masse langsam hineingießen. Die Form mit Frischhaltefolie abdecken und für mindestens 6 Stunden (oder noch besser über Nacht) in den Kühlschrank stellen.
4. Ist der Wackelpudding schnittfest, mit einem spitzen Messer behutsam rundherum vom Rand der Form lösen und auf einen Servierteller stürzen. Sollte das Herz hartnäckig an der Form »festhalten«: Eine Schale mit heißem Wasser füllen und die Unterseite der Form einen Moment lang hineintauchen. Nun sollte sich das Herz mühelos herauslösen lassen.
5. Das Herz mit ein wenig Kirschsirup beträufeln und festlich für eure/-n Liebste/-n arrangieren. Dazu passen hervorragend Kerzen, leise Musik und ein paar schwülstige Liebesschwüre!

**Wenn euch die oben beschriebene Variante nicht »feurig« genug ist, könnt ihr einen Teil des Kirschsafts durch 100 ml Kirschgeist ersetzen. Wichtig hierbei ist, den Fusel erst dazuzugeben, wenn die Götterspeise bereits ein wenig abgekühlt ist, damit der Alkohol sich nicht verflüchtigt. Ach ja, die Puddingform gibt's schon für eine Handvoll Talerchen im Internetz.**

# GEHIRRRRRN!

**Aus unerfindlichen Gründen erfreuen sich Zombies seit Jahrzehnten stetig wachsender Beliebtheit. Keine Ahnung, warum, schließlich sind diese Typen intellektuell eher limitiert. Jeder Restaurantbesuch mit ihnen endet in einer Katastrophe, da der Geschmack dieser Gattung Untoter noch eingeschränkter ist als ihr Wortschatz. Alles, wonach die Gesellen schmachten, ist Gehirn. Aber gut – können sie haben!**

**Ergibt: 6–8 Portionen • Zubereitungszeit: ca. 3 Stunden (inkl. Backzeit)**

## ZUTATEN

### FÜR DEN KUCHEN:

250 g weiche Butter
500 g Mehl
1 Päckchen Backpulver
200 g Zucker
Prise Salz
6 Eier
1 Bio-Zitrone, Saft und Abrieb
200 ml Milch

### FÜR DIE BUTTERCREME:

200 g weiche Butter
130 g Puderzucker
1 Eigelb

### FÜR DIE HIRNWINDUNGEN:

400 g Marzipan
80 g roter Fruchtaufstrich
evtl. Kirschsirup (optional)

1. Den Backofen auf 170 °C vorheizen. Eine Halbkugelbackform (ca. 21 cm Durchmesser) oder eine hitzebeständige Schüssel mit etwas Butter einfetten und mit wenig Mehl ausstäuben. In einer Schüssel das gesiebte Mehl mit dem Backpulver vermischen.
2. In einer 2. Schüssel die weiche Butter cremig rühren. Zucker und Salz dazugeben und so lange schaumig rühren, bis sich der Zucker vollständig aufgelöst hat. Dann nach und nach die Eier dazugeben und weiter rühren, bis die Masse schön luftig ist.
3. Zitronenabrieb und -saft zufügen, dann abwechselnd Mehlmischung und Milch unterschlagen, bis ein glatter Teig entsteht. In die Form gießen, im vorgeheizten Backofen ca. 1 Stunde und 45 Minuten backen. Aus dem Ofen nehmen, in der Form komplett auskühlen lassen.
4. Dann vorsichtig auf ein Schneidebrett stürzen und mit einem Brotmesser in (Hirn-)Form schneiden.
5. Für die Creme die Butter mit dem Puderzucker schaumig schlagen. Eigelb zufügen und weiterschlagen, bis eine helle Creme entsteht. Diese dünn auf der gesamten Oberfläche des Kuchens verstreichen.
6. Für die »Hirnwindungen« kleine, dünne Schlangen aus dem Marzipan rollen und auf dem Kuchen verteilen. Dabei aufpassen, dass in der Mitte die Spalte zwischen rechter und linker Gehirnhälfte erkennbar bleibt.
7. Nun den Fruchtaufstrich erwärmen, bis er flüssiger wird, und mit einem Backpinsel auf das Marzipan auftragen. Falls beim Legen der »Hirnwindungen« zuvor Lücken geblieben sind, diese einfach mit Fruchtaufstrich füllen. Den fertigen Kuchen bis unmittelbar vor dem Servieren kühlen. Dann evtl. mit Kirschsirup übergießen, um den Gruseleffekt noch zu maximieren.

# MONSTERPOPS

Ein Sprichwort sagt: Du bist, was du isst. Also, wenn das tatsächlich wahr wäre, würde ich so aussehen wie eine Mischung aus Freilandgemüse, Fleischtheke und den Patchwork-Kreaturen, die mein guter, alter Haus- und Gruftarzt Dr. Frank N. Stein in seiner Freizeit in seiner Garage zusammenklöppelt. Andererseits steckt in jedem klugen Spruch bekanntlich immer auch ein Körnchen Wahrheit. Deshalb kann es wohl nicht schaden, ein wenig vorzubeugen und an meiner »Monstermäßigkeit« zu arbeiten, indem ich mir ein paar ästhetisch fragwürdige Zeitgenossen einverleibe. Schließlich wünscht man nicht mal seinem ärgsten Feind, auszusehen wie Brad Pitt!

**Ergibt: 12 Monsterpops • Zubereitungszeit: ca. 45 Minuten**

## ZUTATEN

12 Schokoladendoppelkekse mit weißer Füllung (z. B. Oreos)
30 g flüssige Schokolade
12 Cakepop-Stiele
150 g grüne Candy Melts
150 g lila Candy Melts
Schokostreusel
Dekor-Zuckeraugen

1. Die Doppelkekse vorsichtig mit einem Messer halbieren. Auf die Innenseiten der beiden Kekshälften etwas flüssige Schokolade geben und jeweils einen Cakepop-Stiel hineindrücken. Die Kekse wieder zusammenfügen und für einige Minuten ins Gefrierfach legen, damit die Schokolade fest wird und der Keks später beim »Färben« nicht vom Stiel rutscht.
2. Die verschiedenfarbigen Candy Melts jeweils separat in einer Schüssel über dem Wasserbad oder bei niedriger Stufe in der Mikrowelle in kurzen Abständen schmelzen und in ein tieferes Gefäß füllen. Achtung: Wenn ihr für diesen Schritt das Wasserbad verwendet, achtet darauf, dass kein Wasser in die Schüssel spritzt, da die Candy-Melts-Masse sonst verklumpt!
3. Die Kekslollis aus dem Gefrierfach nehmen und nacheinander vollständig in die geschmolzenen Candy Melts der gewünschten Farbe eintauchen. Überschüssiges durch leichtes Aufklopfen mit dem Stiel abtropfen lassen.
4. Um den kleinen Monstern Haare zu verpassen, die Kekslollis kopfüber in eine Schale mit den Schokostreuseln eintauchen. Die Dekor-Zuckeraugen aufsetzen und die Lollis anschließend zum vollständigen Trocknen entweder auf Backpapier legen oder – besser – in einen Cakepop-Halter stellen.

# SPINNENAUGEN IM GLAS

Grundsätzlich gilt: Vom Verzehr von Monsterspinnenaugen wird dringend abgeraten, da dies eurer Gesundheit abträglich sein kann! Also nicht so sehr die Augen selbst, sondern vielmehr der Versuch, an sie heranzukommen, da diese riesigen Krabbelviecher ihre Glotzkugeln nur höchst widerwillig hergeben. Nicht zuletzt deshalb ist es ratsam, auf die Waren zurückzugreifen, die auf dem Nachtschatten-Wochenmarkt feilgeboten werden. Denn eins steht fest: Monsterspinnenaugen, richtig schön glitschig zubereitet, sind ein wahrer Gaumengraus!

**Für ca. 30 Stück • Zubereitungszeit: 20 Minuten (zzgl. einige Stunden zum Gelieren)**

## ZUTATEN

30 Litschis aus der Dose, inkl. Saft
30 frische Blaubeeren oder Cocktailkirschen
2 Päckchen rote Götterspeise

1. Die Litschis abtropfen lassen und den Saft beiseitestellen. Jeweils eine Blaubeere oder Cocktailkirsche als »Pupille« in jede Litschi stecken, die als »Auge« fungiert.
2. Nach Packungsanleitung die Götterspeise zubereiten. Dabei die Hälfte des Wassers, die dazu laut Anleitung nötig ist, durch den Litschisaft ersetzen.
3. Die »Augen« in eine große Glasschüssel, in kleine Schälchen oder in ein Einmachglas geben und die noch warme Götterspeise darübergießen. Damit die Früchte am Ende nicht alle an der Oberfläche schwimmen, hierbei am besten in Schichten arbeiten, eine nach der anderen.
4. Nach der ersten Schicht das Ganze in den Kühlschrank stellen und gelieren lassen, dann den letzten Schritt wiederholen, bis das Behältnis voll bzw. die Götterspeise alle ist. Anschließend wiederum für einige Stunden kalt stellen, damit der Wackelpudding in Ruhe fest werden kann.

# PUDDING-SPUKIS

**Vermutlich erwartet ihr an dieser Stelle wie üblich einen launigen Einführungstext voller raffinierter Mordspiele und skurriler Pointen. Doch ich fürchte, da habt ihr euch geschnitten, Freaks: Ich bin heute einfach nicht zu Späßen aufgelegt. Aber da fällt mir ein … Vielleicht würde ein Pudding meine Stimmung heben. Irgendwas mit Schokolade, Vanille und, natürlich, Augen! Denn Augen machen bekanntlich alles besser! Also eventuell sogar meine Laune. Und schon ist der Spuk vorbei!**

**Ergibt: 4 Portionen • Zubereitungszeit: ca. 15 Minuten (zzgl. 3–4 Stunden Abkühlzeit)**

## ZUTATEN

200 g Schokoladenkekse, zerbröselt
1 Päckchen Vanillepuddingpulver (ca. 40 g)
40 g Zucker
500 ml Milch
100 g Zartbitterkuvertüre
8 weiße Marshmallows

1. Die Schokoladenkekse in einen Gefrierbeutel geben, den Beutel verschließen und die Kekse zerbröseln.
2. Den Pudding nach Packungsanleitung zubereiten: Das Puddingpulver in einer Schüssel mit dem Zucker vermischen. Nach und nach mindestens 6 EL kalte Milch hinzufügen und alles glatt rühren.
3. Die übrige Milch kurz in einem Topf aufkochen lassen, vom Herd nehmen und das angerührte Pulver mit einem Schneebesen einquirlen. Den Pudding dann wieder auf den Herd geben und unter beständigem Rühren mindestens 1 Minute kochen. Vom Herd nehmen.
4. In einem warmen Wasserbad die Kuvertüre schmelzen und in einen Spritzbeutel mit kleiner Tülle geben. Auf jeden der Marshmallows einen kleinen Klecks Schokolade als »Pupille« spritzen. Die Schokolade fest werden lassen.
5. Jeweils zwei Fingerbreit Pudding in 4 hohe Dessertschälchen oder -gläser geben. Darauf einen Fingerbreit Keksbrösel geben. Das Ganze mit weiterem Pudding krönen, bis das Behältnis fast voll ist. Die vorbereiteten Marshmallow-Augen oben auf den Pudding setzen und die Desserts vor dem Servieren 3–4 Stunden in den Kühlschrank stellen.

# MARSHMALLOW-GEISTER

Wenn Seelen zu Geistern werden, bewahren sie sich dieselbe Persönlichkeit, die sie auch zu Lebzeiten besaßen – was ziemlich nervig ist, da viele dieser ätherischen Gestalten aufgedreht, depressiv, zickig, stinklangweilig und mitunter so durch und durch unangenehm sind, dass man sich wünscht, sie wären nie gestorben. Gleichwohl, alle Gespenster, ob nun fies oder nicht, haben eine Sache gemein: Man kann sie nicht essen. Glaubt mir, ich hab's versucht: Es geht einfach nicht. Aber diese Geister sind anders: wunderbar weich, mächtig mumpfig und so zuckersüß, dass der Zahnarzt eures Vertrauens schon mal seinen Bohrer schärfen kann. Hnnnnnrrrr, Hnnnnrrrrr!

**Für ca. 20 Geister • Zubereitungszeit: ca. 1,5 Stunden (inkl. Ruhezeit)**

## ZUTATEN

250 g Puderzucker, zzgl. 2 EL zum Bestäuben
2 Päckchen Gelatinepulver
2 Päckchen Vanillezucker
150 ml Wasser
1 EL neutrales Öl (z. B. Rapsöl, Sonnenblumenöl)
2 EL Speisestärke
schwarzer Zuckerstift oder etwas geschmolzene dunkle Schokolade

1. 2 EL Speisestärke und 2 EL Puderzucker in einer kleinen Schüssel miteinander vermischen.
2. Eine Auflaufform (20 x 20 cm) mit etwas Öl einfetten und mit der Hälfte des Stärke-Puderzucker-Gemischs bestäuben. Die andere Hälfte für später beiseitestellen.
3. 250 g Puderzucker in eine große Schüssel sieben und mit dem Vanillezucker vermischen.
4. In einem Kochtopf die Gelatine in Wasser auflösen und unter ständigem Rühren kurz aufkochen lassen. Die heiße Flüssigkeit in die große Schüssel mit dem Puderzucker geben und mit dem Schneebesen des Rührgerätes einige Minuten bzw. so lange schaumig schlagen, bis sich beim Herausziehen des Schneebesens Spitzen bilden.
5. Die Puderzuckermasse in die Auflaufform gießen. Die Oberfläche mit einem leicht eingeölten Teigschaber glatt streichen und mindestens eine Stunde ruhen lassen.
6. Die Arbeitsfläche mit etwas Zucker-Stärke-Mix bestäuben und die Schaumzuckermasse aus der Form stürzen. Die Masse selbst ebenfalls mit etwas von der Zucker-Stärke-Mischung bestäuben und mit einem leicht eingeölten Messer nach Belieben in Geisterform zurechtschneiden. Anschließend sämtliche »Schnittflächen« der Geister mit der Mixtur bestreuen, damit nichts wieder zusammenklebt!
7. Mit schwarzem Zuckerstift den Geistern nach eigenem Gusto Gesichter aufmalen (Augen, Münder). Alternativ im Wasserbad etwas dunkle Schokolade schmelzen und die Gesichtszüge mit einem Zahnstocher auftragen. Fertig ist der Gruselspaß!

# ALRAUNEN-ALLERLEI

Normalerweise halte ich ja nicht allzu viel von Grünzeug, wenn's nicht gerade Artischocken, Speinat, Schreckrüben und Schreilandgemüse sind. Doch ein Gewächs wie die Alraune, auch bekannt als Dollwurz, Geister-Ei oder Satansapfel, muss zwangsläufig mein Interesse wecken. Tatsächlich galt die Alraune als eine der berühmtesten Heil- und Zauberpflanzen des Mittelalters und wuchs in erster Linie an Orten, wo Menschen durch den Strick ihr Ende fanden. Wer sie mit bloßen Händen ausgrub, starb eines gar qualvollen Todes, und auch jedem, der dabei seine Ohren nicht bedeckte, war ein unschönes Schicksal beschieden, da die Wurzel beim »Ernten« einen durchdringenden Schrei ausstieß, der alle, die ihn hörten, in den Wahnsinn trieb. So jedenfalls steht es im Handbuch des kleinen Giftmischers. Was dieses äußerst lehrreiche Werk hingegen geflissentlich verschweigt, ist, wie ungemein schmackhaft diese hässlichen kleinen Biester sind!

**Ergibt: ca. 9–10 kleine Tontöpfchen • Zubereitungszeit: ca. 2 Stunden**

## ZUTATEN

9 Tontöpfchen

### FÜR DIE MUFFINS:

150 g Zartbitterschokolade
300 g Mehl
80 g Backkakao
1 TL Natron
1 TL Backpulver
1 Prise Salz
100 g weiche Butter
220 g Zucker
etwas Vanilleextrakt
2 Eier
250 ml Buttermilch
3 Papiermuffinförmchen

### FÜR DIE ALRAUNEN:

400 g Marzipanrohmasse
etwas Backkakao, zum Bestäuben

### FÜR DAS SCHOKOFROSTING:

150 g Frischkäse
15 g Puderzucker
1 gehäufter EL Backkakao

### AUSSERDEM:

ca. 18–20 essbare Blätter (z. B. Basilikum, Pfefferminze)

**DIE MUFFINS ZUBEREITEN:**

1. Die Tontöpfchen ca. 1 Stunde in Wasser einweichen. Danach passend große Kreise aus Backpapier ausschneiden (Tontopf auf Backpapier stellen, mit einem Filzer ummalen und den Kreis ausschneiden) und in die Tontöpfe legen, damit das Loch im Boden abgedichtet ist und kein Teig ausläuft.
2. Den Backofen auf 200 °C vorheizen. Die Zartbitterschokolade grob hacken und beiseitestellen. Das Mehl, den Kakao, das Backpulver, das Natron und das Salz in einer kleinen Schüssel miteinander vermischen.
3. In einer größeren Schüssel die Butter, den Zucker und den Vanilleextrakt mit dem Handrührgerät aufschlagen. Nacheinander die Eier unterschlagen. Zum Schluss die Buttermilch unterrühren.
4. Die trockenen Zutaten aus der kleineren Schüssel portionsweise mit einem Rührlöffel unter die Buttermischung heben. Nur wenig rühren, da die Muffins sonst schnell hart werden können.
5. Genügend Teig für drei Muffins abnehmen und in einfache Muffinförmchen geben – daraus wird am Ende die »Erde«, in der die Alraunen »wachsen«. Die gehackte Schokolade unter den restlichen Teig heben und in die vorbereiteten Tontöpfe füllen. Jetzt die Tontöpfe und die Muffinförmchen für ca. 25 Minuten in den Ofen geben. Der Teig ist fertig, wenn an einem Schaschlikspieß, den man in die Mitte der Muffins piekt, beim Herausziehen keine feuchten Krümel mehr kleben bleiben.
6. Alles aus dem Ofen nehmen und komplett abkühlen lassen. Anschließend die drei Muffins aus den Förmchen in eine kleine Schüssel geben und mit den Fingern zerkrümeln, um die »Erde« für die Alraunen-Töpfe zu bekommen.

→

**DIE ALRAUNEN ZUBEREITEN:**

1. Das Marzipan in 9–10 gleichgroße Stücke aufteilen und aus den einzelnen Stücken grobe Alraunenwurzeln formen. Die Unterseite dabei ein wenig abflachen. Mit Zahnstocher, Messer und Löffel der Alraune nun ein wenig »Charakter« verleihen. Hierzu mit dem Messer kleine Rillen quer einritzen. Mit dem Holzstäbchen die Augen eindrücken und mit dem Löffel den Mund herausarbeiten.
2. Damit das Ganze möglichst »lebendig« wirkt, die Rübe am Ende mit einem Pinsel mit Kakao abpudern. Anschließend mit dem Zahnstocher ein Loch in jeden »Alraunenkopf« pieksen, in das man später zum Dekorieren die essbaren Blätter stecken kann. Die Alraunen nun bis zu ihrem großen Auftritt in den Kühlschrank stellen.

**DAS FROSTING ZUBEREITEN:**

Den Frischkäse, den Puderzucker und den Backkakao in einer kleinen Schüssel miteinander verrühren.

**ALLES ZUSAMMENFÜGEN:**

1. Die Oberseite der Muffins in den Tontöpfen großzügig mit dem Frosting bestreichen, die Alraunen darauf platzieren und ringsum mit zerbröselter »Kuchenerde« dekorieren. Sollten die Alraunen nicht von alleine in Position bleiben, einfach mit einem Apfelausstecher oder etwas Ähnlichem in der Mitte des Muffins vorsichtig etwas Teig entfernen und die Alraune in das Loch setzen, ganz gleich, wie sehr sie zetert!
2. In die vorbereiteten Löcher der Alraunenköpfe jeweils essbare Blätter von Basilikum, Minze oder einem anderen Kraut eurer Wahl stecken und die kleinen Hexenwesen servieren.

# GRABWÜRMER

Friedhöfe sind für unsereins das reinste Delikatessengeschäft. Dort wimmelt es nur so vor Insekten, Asseln und anderem Ungeziefer. Besonders Vertreter der Gattungen Ringelwurm und Wenigborster binden sich voller Vorfreude die Lätzchen um, wenn sie den Pritschenwagen des Bestatters um die Ecke biegen sehen. Ich schätze, das ist der ewige Kreislauf des Lebens: Fressen und gefressen werden. Hauptsache, man versucht, stets selbst an der Spitze der Nahrungskette zu bleiben.

**Ergibt: 25 Grabwürmer • Zubereitungszeit: 9 Stunden (davon fast alles Kühlzeit)**

## ZUTATEN

1 Kunststoffflasche
25 Strohhalme mit Knickgelenk
1 Gummiband
6 Blatt Gelatine
1 Packung rote Götterspeise (12,5 g)
100 g Zucker
1 l Bananensaft
rote Lebensmittelfarbe
200 g Schokokekse, fein zerbröselt

1. Mit einer Schere von der leeren Plastikflasche den Hals abschneiden. Die Strohhalme am Knickgelenk zu voller Länge ausziehen und mit der geriffelten Seite nach unten in das Behältnis stellen; dabei so viele Strohhalme verwenden, bis keine weiteren mehr hineinpassen. Die Strohhalme etwas unter dem oberen Ende straff mit einem Gummiband umwickeln.
2. Die Gelatine in ein Schälchen mit etwas kaltem Wasser geben und einweichen. Das Götterspeisepulver und den Zucker in einem Topf vermischen. Den Bananensaft unter stetigem Rühren mit einem Schneebesen zugießen. So lange umrühren, bis keine Klümpchen mehr zu sehen sind. Etwas rote Lebensmittelfarbe unterrühren.
3. Die Flüssigkeit auf mittlerer Stufe erhitzen, bis sie fast kocht. Vom Herd nehmen und mit dem Schneebesen die Gelatine einrühren. Das Ganze in einen Messbecher umfüllen.
4. Nun langsam, nach und nach, in die zusammengebundenen Strohhalme gießen, bis ca. 5 cm unter dem oberen Rand. Obacht: Ihr müsst die Flüssigkeit hierbei nicht in jedes Röhrchen einzeln gießen! Es genügt, wenn ihr die Plörre einfach in die Mitte gießt, da sich die äußeren Halme durch den ansteigenden Flüssigkeitspegel am Boden der Flasche ganz von allein füllen. Die Strohhalme anschließend über Nacht in den Kühlschrank stellen.
5. Dann das Gummiband entfernen und die Strohhalme kurz unter warmes Wasser halten. Anschließend mit Küchenpapier abtrocknen und die glibberigen Würmer aus den Plastikröhrchen einen nach dem anderen behutsam auf die bröselige »Erde« aus Schokokeks drücken.

# FRUCHTMONSTER

**Man sagt, Lesen bildet. Also, ich für meinen Teil lese ziemlich viel. Eines meiner absoluten Lieblingsbücher ist »Die Raupe Nimmersatt«. Abgesehen von all den hübschen Bildern mag ich die Lehre, die wir aus diesem Klassiker des modernen Bildungsbürgertums ziehen: Wenn man ganz viel isst, wird man am Ende wunderschön. Natürlich nur, wenn man sich von lauter gesunden Sachen ernährt, wie Erdnussbutter und Marshmallows. Beides braucht man auch für dieses monströs appetitliche Leckerchen, und dazu noch ein paar Äpfel. Hat zufällig jemand die Nummer der Hexe zur Hand, die damals Schneewittchens Stiefmutter beliefert hat? Nein? Also, irgendwie ist bei diesem Rezept echt der Wurm drin!**

**Ergibt: 16 Fruchtmonster • Zubereitungszeit: 20 Minuten**

## ZUTATEN

4 grüne Äpfel
1 Zitrone
100 g Erdnussbutter
100 g Erdnüsse
16–32 Marshmallows (nach Belieben)
16–32 Schokolinsen

1. Die Äpfel waschen, vierteln, das Kerngehäuse entfernen und jedes Apfelviertel in mehrere gleichgroße Spalten schneiden. Den Saft der Zitrone in eine Schüssel auspressen, etwas Wasser hinzugeben und die Apfelspalten ca. 30 Minuten darin ziehen lassen. Dies verhindert, dass die Äpfel braun werden.
2. Die Apfelspalten aus dem Zitronenwasser nehmen und mit Küchenpapier leicht trocken tupfen. Die Oberseiten der Hälfte der Apfelspalten jeweils großzügig mit Erdnussbutter bestreichen.
3. Jeweils einige Erdnüsse als Zähne in die Erdnussbutter stecken. Die übrigen Apfelspalten ebenfalls mit Erdnussbutter bestreichen und so über die Erdnüsse setzen, dass das Ganze an ein Gebiss erinnert (mit der runden Seite nach vorne).
4. Jeweils einen Zahnstocher zur Hälfte in einen Marshmallow stecken und eine Schokolinse als »Pupille« daraufdrücken. Die Marshmallows als Augen mit dem Zahnstocher oben auf dem Apfelgebiss platzieren. Ob ihr den Fruchtmonstern ein oder zwei Glubschaugen verpasst, bleibt ganz euch selbst überlassen. Sofort servieren!

# GARSTIGE APPETITHÄPPCHEN

**Na, wie sieht's aus, Kinderchen? Eine leckere Portion Blut und Eiter gefällig? Nein? Was soll das heißen, dieses Zeug sieht widerlich aus? Jetzt stellt euch gefälligst nicht so an. Und wisst ihr was? In Wahrheit trügt der schaurige Schein. Hier gilt das gute alte Schwarzmagier-Motto: Außen pfui, innen hui!**

**Ergibt: 24 Häppchen • Zubereitungszeit: 25 Minuten (zzgl. 3 Stunden Abkühlzeit)**

## ZUTATEN

150 g Zartbitterkuvertüre
3 TL rote Lebensmittelfarbe
670 g Zucker
170 g Butter
80 ml Milch
80 ml Schlagsahne
300 g weiße Kuvertüre, gehackt
200 g Marshmallowcreme
1 EL Vanillepulver

1. Eine quadratische Backform (ca. 22 x 22 cm) mit Antihaftspray besprühen und dann so mit zwei Lagen Backpapier auslegen, dass die Enden des Papiers leicht über die Ränder der Backform überstehen. Wiederum leicht mit Antihaftspray einsprühen; überschüssiges Spray mit Küchenpapier entfernen.
2. Zartbitterkuvertüre hacken, mit Lebensmittelfarbe in eine hitzebeständige Schüssel geben und beiseitestellen. Zucker, Butter, Milch und Sahne in einem Topf unter Rühren zum Kochen bringen. 4 Minuten kochen, dabei ständig weiterrühren. Anschließend vom Herd nehmen.
3. Weiße Kuvertüre und Marshmallowcreme in den Topf geben und so lange umrühren, bis alles geschmolzen ist. Vanillepulver hinzufügen und alles gut vermischen. Nun zügig die Hälfte zur Zartbitterkuvertüre mit Lebensmittelfarbe geben. Mit einem soliden Kochlöffel oder Spatel umrühren, bis sämtliche Schokolade geschmolzen ist und eine geschmeidige Creme entsteht.
4. Mit zwei Esslöffeln je 1 Klecks von beiden Mischungen in die vorbereitete Backform fallen lassen, bis die gesamte Creme verbraucht ist. Die Backform anheben und aus ca. 3 cm Höhe behutsam auf die Arbeitsfläche fallen lassen. Mehrere Male wiederholen, um alle Luftbläschen aus der Creme zu entfernen.
5. Die Backform behutsam hin und her schwenken, um die Oberfläche zu glätten, dann die Klinge eines kleinen Messers mit Butter einreiben und damit willkürlich durch die Creme fahren, um die Verwirbelungen zu erzeugen. Hierzu die »scharfe« Klinge anstatt der flachen Rückseite verwenden; das Ergebnis sieht einfach besser aus!
6. Die Toffeemasse vollständig abkühlen lassen (ca. 3 Stunden). Dann mithilfe der überstehenden »Backpapierhandgriffe« vorsichtig aus der Backform auf ein Schneidebrett heben und mit einem scharfen Messer in mundgerechte Würfel schneiden.

# VERGIFTETE ÄPFEL

Ihr wisst ja, Freaks, dass ich's ein bisschen mit Sprichwörtern habe, und ein besonders bekanntes lautet: »Ein Apfel am Tag hält dich fern vom Sarg.« Nicht, dass das im Geringsten erstrebenswert wäre, schließlich gibt es kaum etwas Erholsameres als ein paar Monate gepflegte Grabesruhe. Dementsprechend habe ich dieses klassische Rezept für kandierte Äpfel ein bisschen abgewandelt, um den einen oder anderen von euch demnächst in meiner Gruft begrüßen zu dürfen.

**Ergibt: 4 giftige Äpfel • Zubereitungszeit: ca. 15 Minuten (zzgl. Abkühlzeit)**

## ZUTATEN

4 säuerliche Bio-Äpfel
4 fingerdicke, gerade Stöcke (ca. 20–25 cm)
300 g Zucker
1 EL Zitronensaft
2–3 EL schwarze Lebensmittelfarbe
etwas Öl
150 g weiße Kuvertüre

1. Zunächst die Äpfel waschen und gründlich trocken reiben. Den Apfelstiel entfernen und an dieser Stelle jeweils 1 Stock bis zur Hälfte in den Apfel hineinschieben. Die Äpfel nun bis zum Glasieren ins Gefrierfach legen. Dies sorgt dafür, dass die Glasur später schneller trocknet.
2. Den Zucker und den Zitronensaft in einen Topf geben. Mit so viel Wasser auffüllen, dass der Zucker komplett davon bedeckt ist. Das Ganze unter regelmäßigem Rühren langsam erhitzen, bis sich der Zucker vollständig aufgelöst hat. Die Mischung ca. 10 Minuten köcheln lassen, bis der Zucker hellbraun karamellisiert ist. Nun rasch die schwarze Lebensmittelfarbe unterrühren und den Topf vom Herd nehmen.
3. Die Äpfel aus dem Gefrierfach nehmen und nacheinander vollständig in die heiße Zuckermasse tauchen; die Äpfel dabei langsam drehen und kurz antrocknen lassen, was dadurch, dass die Äpfel kalt sind, ratzfatz geht. Die überschüssige Glasur abtropfen lassen und die Äpfel umgedreht auf ein Blatt Backpapier legen, das ihr zuvor mit etwas Öl eingerieben habt. Ca. 5 Minuten trocknen lassen.
4. In der Zwischenzeit die weiße Kuvertüre grob hacken und im warmen Wasserbad schmelzen.
5. Die flüssige Kuvertüre leicht abkühlen lassen und in einen Spritzbeutel mit großer Tülle geben. Vorsichtig von oben auf die Äpfel spritzen und gleichmäßig daran runterlaufen lassen, bis die Früchte fast komplett davon bedeckt sind. Mit einem angefeuchteten Finger vorsichtig eine gruselige Visage in die Kuvertüre malen (Augen, Mund). Die Äpfel ca. 10 weitere Minuten abkühlen und durchtrocknen lassen, bis die Kuvertüre fest ist.

# AUS DEM HEXENOFEN

Pe-hech und Schwe-fel verliefen sich im Wald.
Es war arg fin-ster und auch ganz übel kalt.
Sie kamen an ein Häus-chen von Pfefferkuchen fein.
Wer mag der He-herr wohl von dieser Bude sein?

Hu, hu, da schau-te ‘ne alte Schachtel raus!
Lockt‘ die Kobolde ins Pfefferkuchenhaus.
Sie stellte sich gar freundlich, o Gräuel, welche Not!
Pech wollt‘ sie braten im Ofen braun wie Brot.

Doch als die He-xe zum Ofen schaut hinein
ward sie gestoßen von Pech und Schwefelein.
Die Hex‘, die musste brutzeln, die Kobold‘ geh‘n nach Haus.
Nun ist das Märchen von Pech und Schwefel aus!

# ABGEHACKTE HEXENFINGER

Die Zubereitung dieser abgeschmackten Speise ist denkbar einfach: Man sucht sich ein paar Hexen, hackt ihnen mit einem scharfen Messer die Finger ab und legt sie ein paar Tage zum Trocknen in die Sonne. Ehe man sich's versieht, hat man einen wunderbaren Partysnack, über den sich jeder freut – außer vielleicht die Hexen selbst. Die sind wahrscheinlich sauer – verstehe ich gar nicht, wo doch jeder weiß: Hexenfinger wachsen immer sofort nach.

**Ca. 30 Hexenfinger • Zubereitungszeit: 1 Stunde (davon ca. 25 Minuten Backzeit)**

## ZUTATEN

225 g weiche Butter
125 g Puderzucker
1 mittelgroßes Ei
1 TL Bittermandelaroma
1 TL Vanillearoma
350 g Mehl
1 TL Backpulver
1 Prise Salz
rote Lebensmittelfarbe
30 g ganze Mandelkerne (ohne Haut)
rote Zuckerschrift

1. Die weiche Butter in einer Schale mit dem Puderzucker vermischen und schaumig schlagen. Das Ei sowie Vanille- und Bittermandelaroma hinzufügen und alles 2 Minuten weiterschlagen.
2. In einer separaten Schüssel das Mehl mit dem Backpulver und dem Salz vermischen. Die Mehlmischung nach und nach unter die Buttermasse rühren, bis eine krümelige Masse entsteht.
3. Alles mit den Händen rasch zu einem glatten Teig verkneten, in Klarsichtfolie wickeln und für mindestens ½ Stunde in den Kühlschrank geben. Den Backofen auf 180 °C Ober-/Unterhitze vorheizen. Ein Blech mit Backpapier auslegen.
4. Inzwischen einige Tropfen rote Lebensmittelfarbe mit den Mandelkernen in einen kleinen Gefrierbeutel geben. Beutel verschließen, gründlich schütteln und beiseitelegen.
5. Den Teig portionsweise verarbeiten: Je 1 gehäuften EL auf einem Bogen Backpapier zu einer Rolle von der Größe und Länge eines Fingers zu rollen. Dabei durch leichtes Eindrücken unterhalb der »Fingerspitze« und in der Mitte zwei Kuhlen für die »Knöchel« formen, damit das Ganze wie ein echter Finger aussieht.
6. Den Teig mit einem scharfen Messer an den »Fingergelenken« mehrfach behutsam einschneiden, um die Authentizität noch zu steigern, und jeweils eine der Mandeln als »Nagel« auf den Teig drücken.
7. Die Hexenfinger auf das (kalte!) Backblech legen und im vorgeheizten Ofen ca. 20–25 Minuten goldbraun backen.
8. Die Hexenfinger aus dem Ofen nehmen und auf einem Kuchengitter abkühlen lassen. An den unteren Enden mit der roten Zuckerschrift dekorieren.

# DRACULAS BEISSERCHEN

**Mit dem Alter ist das so eine Sache: Alle wollen alt werden, aber keiner will alt sein. Was mich betrifft, so finde ich, dass der Begriff »Alter« relativ ist – relativ sinnlos. Wann genau ist man denn alt? Wenn man nicht mehr zusammen mit seinen Zähnen schläft? Nun, zumindest würde Letzteres erklären, warum mein guter Freund Graf Dracula in letzter Zeit ein wenig den gewohnten Biss vermissen lässt – bei seinem letzten Besuch hat er doch glatt seine Beißerchen im Glas auf dem Nachttisch vergessen!**

**Ergibt: ca. 14 Stück • Zubereitungszeit: ca. 1 Stunde (zzgl. Zeit zum Trocknen)**

## ZUTATEN

100 g Zartbitterschokolade
150 g Butter
75 g weißer Zucker
75 g brauner Zucker
1 Päckchen Vanillezucker
1 Prise Salz
1 Ei
225 g Mehl
1 Glas Erdbeerkonfitüre oder andere rote Konfitüre
100–120 g weiße Mini-Marshmallows
28 Mandelblättchen

1. Den Backofen auf 200 °C vorheizen. Zwei Backbleche mit Backpapier auslegen. Die Schokolade grob hacken.
2. Die Butter, den weißen Zucker, den braunen Zucker, den Vanillezucker und das Salz mit den Schneebesen eines Handrührgeräts cremig rühren. Dann das Ei und das Mehl zufügen und gut unterrühren. Die gehackte Schokolade ebenfalls untermischen.
3. Jeweils 1 gehäuften Esslöffel Teig in regelmäßigen Abständen auf das vorbereitete Backblech geben und flach drücken, sodass Kreise mit ca. 6–7 cm Durchmesser entstehen. Auf ein Blech sollten 6–7 Kekse passen. Die Kekse nacheinander im vorgeheizten Ofen ca. 12–15 Minuten backen. Die Kekse dann aus dem Ofen nehmen und sofort mit einem Messer in der Mitte halbieren. Anschließend etwas abkühlen lassen.
4. Inzwischen die Konfitüre in einen kleinen Topf geben und unter Rühren erhitzen. Vom Herd nehmen, nochmals durchrühren und mit der noch gut warmen Masse die Hälfte der Kekshälften jeweils an der Oberseite bestreichen. Dabei hinten dick auftragen und zur Schnittkante hin immer dünner werden.
5. Nun die Mini-Marshmallows dicht an dicht so am runden Rand des Kekses entlang anordnen, dass sie wie Zähne wirken. Anschließend die übrigen Kekshälften an den Unterseiten mit der Konfitüre bestreichen und auf die Marshmallows legen. Leicht andrücken.
6. Zuletzt jeweils 2 Mandelblättchen als Vampirzähne rechts und links der beiden »Vorderzähne« in die Gebisse drücken. Vor dem Servieren über Nacht trocknen lassen.

EIN ZUG SEIN!
LICHT AM ENDE DES

# PECHKEKSE

Diese »Pechkekse« haben es in sich – im wahrsten Sinne des Wortes. Wer nach dem Lesen der kleinen Botschaften, die darin versteckt sind, keine Sondersitzung beim Seelenklempner braucht, um sich emotional wieder aufrichten zu lassen, der mag auch keine Kätzchen. Also auf, ihr Lieben: Bereitet zunächst die düsteren Botschaften für die Pechkekse vor, indem ihr all die fiesen Weisheiten, die ihr euren lieben (und weniger lieben) Mitmenschen schon immer mal vor den Latz ballern wolltet, auf längliche kleine Zettelchen schreibt (ca. 2–3 cm hoch und etwa 10–12 cm lang).

**Ergibt: 30 Pechkekse • Zubereitungszeit: ca. 1,5 Stunden**

## ZUTATEN

45 g Butter
60 g Puderzucker
3 Eiweiß
1 Prise Salz
¼ TL Vanilleextrakt
60 g Mehl
schwarze Lebensmittelfarbe

1. Den Backofen auf 175 °C Ober-/Unterhitze vorheizen. Eine Schüssel zum Falten der Pechkekse sowie Muffinförmchen zum Auskühlen bereitstellen. 3 Kreise mit einem Durchmesser von je 8–10 cm auf ein Stück Backpapier malen und ein Backblech damit auslegen.
2. Die Butter schmelzen. Den Puderzucker sieben. Das Eiweiß in einer Schüssel mit dem Salz leicht schaumig schlagen. Anschließend Butter, Vanilleextrakt und Puderzucker unterrühren. Dann Mehl einarbeiten, bis ein glatter Teig entsteht. Zuletzt die schwarze Lebensmittelfarbe einrühren.
3. Je 1 gehäuften TL Teig in die Mitte eines Kreises auf dem Backpapier geben und zum Rand hin dünn ausstreichen. 4–5 Minuten backen, bis die Ränder sich leicht braun färben. Achtung: Immer nur drei Kekse auf einmal backen, sonst kommt ihr mit dem Falten nicht hinterher!
4. Jetzt muss es schnell gehen, sonst brechen die Kekse! Blech aus dem Ofen ziehen, auf ein Schneidebrett stellen und je einen Zettel in die Mitte der Kekse geben. Löst mithilfe eines Messers oder eines kleinen Spachtels jeweils einen Keks vom Blech und faltet ihn einmal zur Hälfte, um einen Halbmond zu bekommen.
5. Faltet den Keks dann mit der geraden Seite nach unten über dem Rand der bereitgestellten Schüssel, um die klassische Glückskeksform zu erhalten. Denkt daran: Die Dinger sind heiß! Tragt wenn möglich Silikonhandschuhe, die zumindest etwas Wärme abhalten. Legt die Kekse anschließend zum Auskühlen jeweils in ein Muffinförmchen.
6. Auf dieselbe Weise nach und nach alle Kekse ausbacken. Die Kekse anschließend über Nacht trocknen lassen, damit sie richtig knusprig werden.

# COOKIE-KRABBLER

**Beim Durchblättern dieses Buches ist mir aufgefallen, dass sich viele Rezepte mit denselben drei Dingen beschäftigen: mit Augen, mit Fingern – und mit Spinnen. Was bei näherer Überlegung auch kein Wunder ist, schließlich sind das alles äußerst schmackhafte Zutaten, die jede Henkersmahlzeit bereichern. Das gilt auch für diese knuffigen kleinen Krabbelviecher. Tatsächlich sind diese Cookie-Krabbler bei meinen Gästen so beliebt, dass ich mit dem Backen kaum nachkomme.**

**Ergibt: 20 Cookie-Krabbler • Zubereitungszeit: ca. 1 Stunde**

## ZUTATEN

### FÜR DIE COOKIES:

1 TL Backnatron
380 g Mehl
300 g weiche Butter
250 g brauner Zucker
8 g Vanillezucker
1 Prise Salz
2 Eier
150 g Erdnussbutter

### FÜR DIE SPINNEN:

100 g dunkle Schokolade, grob gehackt
60 ml Schlagsahne
20 runde Schokopralinen
30 g weißes Fondant oder Dekor-Zuckeraugen (alternativ)

1. Den Backofen auf 170 °C vorheizen und ein Backblech mit Backpapier auslegen.
2. In einer Schüssel das Backnatron und das (gesiebte) Mehl vermischen.
3. Die Butter, den Zucker, den Vanillezucker und Salz cremig schlagen (ca. 5–6 Minuten). Dann unter ständigem Rühren die Eier nacheinander einzeln dazugeben. Die Natron-Mehl-Mixtur unterheben. Anschließend die Erdnussbutter hinzufügen und alles gut miteinander vermischen.
4. Mit einem Esslöffel kleine Teighäufchen auf das vorbereitete Backblech geben und ein wenig flachdrücken. Dabei jeweils Abstand lassen. Eine kleine Mulde in die Mitte der Cookies drücken, damit die Schokopraline nachher besser haftet. Im vorgeheizten Backofen 10–13 Minuten backen, dann aus dem Ofen nehmen. Übriggebliebenen Teig auf dieselbe Weise verarbeiten. Alle Cookies vollständig auskühlen lassen.
5. Die gehackte Schokolade im Wasserbad schmelzen, die Schlagsahne dazugeben und alles gut verrühren, bis eine glatte Creme entsteht. Dann die Schokopralinen auf die abgekühlten Kekse setzen; die Pralinen dabei ggf. mit etwas geschmolzener Schokolade »festkleben«. Die Schokolade in einen Spritzbeutel mit feiner Tülle oder in einen Gefrierbeutel mit abgeschnittener Ecke geben und damit die »Spinnenbeine« auf die Kekse spritzen.
6. Für die Augen kleine Kügelchen aus Fondant formen, plattdrücken und mit etwas geschmolzener Schokolade festkleben. Das Fondant ein wenig trocknen lassen, dann mit dem Spritzbeutel und der restlichen Schokolade kleine »Pupillen« daraufspritzen. Alternativ könnt ihr natürlich auch fertige Dekor-Zuckeraugen verwenden.

# BROWNIE-GEISTER

Die meisten Leute haben Angst vor Gespenstern. Dabei besteht dazu absolut kein Anlass, denn die meisten Geister sind ganz herzallerliebst. Manche sind sogar richtig süß - wie zum Beispiel diese hier.

**Ergibt: ca. 20 Stück • Zubereitungszeit: ca. 1 Stunde (zzgl. 3 Stunden Back- und Ruhezeit)**

## ZUTATEN

### FÜR DIE BROWNIES:

250 g Butter (zzgl. etwas mehr zum Einfetten der Form)
300 g Zartbitterschokolade, grob gehackt
4 Eier
250 g brauner Zucker
1 Prise Salz
200 g Mehl
50 g Backkakao
1 TL Backpulver

### FÜR DIE BAISER-GEISTER:

3 Eiweiß
200 g Zucker
2 TL Zitronensaft
200 g Zartbitterkuvertüre

**DIE BROWNIES ZUBEREITEN:**

1. Den Backofen auf 175 °C vorheizen. Eine quadratische Springform (24 x 24 cm) mit Butter einfetten. Schokolade und in Stücke geschnittene Butter bei schwacher Hitze in einem Topf schmelzen.
2. Eier, Zucker und Salz mit den Schneebesen des Rührgeräts 3–4 Minuten cremig schlagen. Schokoladenbutter vom Herd nehmen und sofort einrühren.
3. Mehl, Kakao und Backpulver mischen und zügig unter die Schokoladen-Eier-Masse rühren. Teig in die vorbereitete Backform geben, Oberfläche glatt streichen und ca. 25 Minuten backen.
4. Auf einem Kuchengitter auskühlen lassen und dann aus der Form lösen. Mit einem Keksausstecher Kreise von je 8 cm Durchmesser ausstechen.

**DIE BAISER-GEISTER ZUBEREITEN:**

1. Den Backofen auf 100 °C vorheizen. Ein Backblech mit Backpapier auslegen.
2. Eiweiß steif schlagen, nach und nach den Zucker einrieseln lassen und weiter schlagen, bis der Zucker sich vollends aufgelöst hat. Zum Schluss Zitronensaft unterschlagen.
3. Die Baisermasse in einen Spritzbeutel mit großer Lochtülle geben und 20 kleine »Geister« auf das Backblech spritzen. Im Ofen auf unterer Schiene ca. 2 Stunden trocknen lassen. Im ausgeschalteten Ofen nochmals ca. 1 Stunde nachtrocknen lassen; dabei die Ofentür einen Spaltbreit offen lassen.
4. Kuvertüre schmelzen und in einen Spritzbeutel mit feiner Tülle geben. Den Baisers mit der Kuvertüre unheimliche Gesichter aufmalen. Restliche, noch warme Kuvertüre auf die Kekse spritzen, verstreichen und jeweils einen Baiser-Geist daraufsetzen.
5. Nun noch einige Minuten warten, bis die Kuvertüre trocken ist und der Baiser fest auf dem Brownie sitzt, und fertig sind die Brownie-Geister!

# KÜRBISKUCHEN

**Wenn es etwas gibt, das in einem Buch mit Rezepten für das schauerlichste Fest des Jahres nicht fehlen darf, dann ist das ... nein, nicht Blut, Gedärm und Gekröse, sondern Kürbiskuchen! Deshalb hat euer lieber guter Freund der Butscher zur Feier des Tages den Verbrennungsofen angeworfen und ein Exemplar kredenzt, das es in sich hat!**

**Ergibt: 12 Portionen • Zubereitungszeit: ca. 90 Minuten (zzgl. 3 Stunden Ruhezeit)**

## ZUTATEN

200 g kalte Butter (plus Butter für die Form)
200 g Mehl
200 g gemahlene Haselnüsse
200 g Zucker
2 EL Kakaopulver
1 TL Zimt
½ TL gemahlene Nelken
1 Ei
200 g Erdbeermarmelade
200 g Kürbischutney
10 Aprikosenhälften (aus der Dose)
1 Eigelb
1 EL Milch

1. Den Backofen auf 200 °C vorheizen. Eine Springform (ca. 26 cm Durchmesser) mit Butter einfetten.
2. Das Mehl, die Haselnüsse, den Zucker, den Kakao, den Zimt und die gemahlenen Nelken in einer Rührschüssel grob vermischen. Die Butter in Flöckchen, das Ei und 3 EL eiskaltes Wasser dazugeben.
3. Alles zuerst mit den Knethaken des Handrührgeräts zu groben Streuseln, dann mit den Händen möglichst zügig zu einem glatten Teig verkneten. Den Teig in Frischhaltefolie wickeln, mindestens 3 Stunden in den Kühlschrank legen.
4. Die Arbeitsfläche mit etwas Mehl bestreuen und drei Viertel des Teigs rund darauf ausrollen, sodass das Teigrund etwas größer als die verwendete Springform ist. Den Teig dann behutsam so in die Form legen und an den Seiten festdrücken, dass oben ringsum ein leicht überstehender Rand bleibt.
5. Den übrigen Teig ca. 5 mm dünn ausrollen und mit einem scharfen Messer die gewünschte Visage für eure Halloween-Kürbisgrimasse zurechtschneiden. Ausgeschnittene Teigstücke entfernen, damit die entsprechenden Stellen (z. B. für Augen, Nasenhöhle, Mund) frei bleiben.
6. Erdbeermarmelade und Kürbischutney miteinander glatt rühren und gleichmäßig auf dem Teig in der Springform verstreichen. Die Aprikosenhälften darauf verteilen. Dann vorsichtig die Halloween-Teiggrimasse oben auf die Füllung legen, und zwar so, dass der Teig am Rand der Form bündig abschließt. Eigelb und Milch verquirlen und die Teiggrimasse damit bestreichen.
7. Den Kuchen ca. 40 Minuten backen, dann herausnehmen und vor dem Servieren auf einem Kuchengitter vollständig auskühlen lassen.

# ANGRIFF DER KEKSMONSTER!

Ich wette, ihr hattet keinen blassen Schimmel, dass euer Freund der Butscher ein ausgesprochener Cineast ist. Ich liebe alle Arten von Filmen, allen voran natürlich die großen Klassiker wie »Psycho«, »Spiel mir das Lied vom Tod«, »Leichen pflastern seinen Weg« und selbstredend den unsterblichen Meilenstein »Ekel«. Aber auch die verfilmten Biografien einiger berühmter Kollegen wie Michael, Jason und Freddy finde ich ausgesprochen sehenswert, z. B. »Halloween«, »Freitag der 13.« und »Nightmare on Elm Street«. Tatsächlich wollte ich ursprünglich mal Cutter in Grollywood werden, doch am Ende entschied ich mich für eine andere Art der Schnitttechnik. Wie auch immer, sollte ich einen passenden Titel für dieses deliziös-knusprige Machwerk aussuchen, wüsste ich schon einen. Also, Vorhang auf, Freaks, für den »Angriff der Keksmonster«!

**Ergibt: 30 Keksmonster • Zubereitungszeit: 30 Minuten**

## ZUTATEN

60 fertige runde Kekse (nach Belieben)
200 g Mini-Marshmallows
300 g Vollmilch- oder Zartbitterkuvertüre (nach Belieben)
200 g Minimarshmallows

1. Ein Backblech als »Arbeitsfläche« mit Backpapier auslegen. Die Hälfte der Kekse mit der »glatten« Seite nach unten auf das Backpapier legen.
2. 30 Minimarshmallows vorsichtig in zwei runde Hälften schneiden, um später die »Augen« der Monster zu bilden. Weitere Marshmallows zu kleinen, zahnähnlichen Dreiecken zurechtschneiden.
3. Im Wasserbad bei niedriger Temperatur die Kuvertüre schmelzen und in einen Spritzbeutel mit kleiner Tülle oder einen Gefrierbeutel mit abgeschnittener Ecke geben.
4. Großzügig jeweils einen Klecks Schokolade auf die Kekse auf dem Backblech spritzen und die übrigen Kekse mit der flachen Seite nach unten darauflegen. Den oberen Keks dabei auf einer Seite ein bisschen weiter runterdrücken, damit vorne ein offenes »Maul« entsteht. Die Marshmallow-Zähne in der gewünschten Anzahl behutsam in die noch warme Schokolade drücken.
5. Einen Spritzer Kuvertüre oben auf jeden Keks geben und behutsam die Marshmallow-Augen daraufdrücken. Außerdem noch jeweils einen kleinen Schokopunkt als »Pupille« auf die Marshmallows geben. Die Kekse nun eine Weile ruhen lassen, damit die Kuvertüre fest wird. Anschließend steht dem Angriff der Keksmonster nichts mehr im Wege!

# SPINNENMUFFINS

Alle Welt hasst Spinnen – keine Ahnung, warum. Ich denke, diese possierlichen Tierchen werden einfach vollkommen missverstanden. Klar, sie haben acht Augen und fressen ihre gelähmte Beute, indem sie ihr einen enzymhaltigen Verdauungssaft einflößen, die ihr Inneres zu Brei zersetzt, sodass sie sie bequem ausschlürfen können. Doch abgesehen davon sind das ausgesprochen bezaubernde Viecher, und schmackhaft noch dazu; nicht umsonst gelten sie in einigen Ländern als Delikatesse! Wie, das glaubt ihr nicht? Nun, dann bleibt mir wohl nichts anderes übrig, als mit diesem Rezept den Gegenbeweis anzutreten.

**Ergibt: 12 Spinnenmuffins • Zubereitungszeit: ca. 1 Stunde**

## ZUTATEN

360 g Mehl
450 g Zucker
100 ml Rapsöl
250 ml Mineralwasser mit Kohlensäure
1 Päckchen Backpulver
4 Eier
200 g Zartbitterkuvertüre
50 g Marzipanrohmasse
200 g Schokostreusel
6 schwarze Lakritzschnecken

1. Den Backofen auf 180 °C Ober-/Unterhitze vorheizen. Die Mulden eines Muffinblechs mit 12 Papierförmchen auslegen.
2. Das Mehl, den Zucker, das Öl, das Mineralwasser, das Backpulver und die Eier in einer Schüssel gründlich miteinander verrühren. Den Teig in die Muffinförmchen füllen und ca. 20 Minuten backen. Macht eine Stäbchenprobe: Bleibt an einem Zahnstocher, den man in die Mitte der Muffins piekst, nichts mehr kleben, sind sie perfekt. Dann aus dem Backofen nehmen und komplett abkühlen lassen.
3. In der Zwischenzeit die Kuvertüre im warmen Wasserbad schmelzen. Gleichzeitig aus der Marzipanrohmasse 24 kleine Augen formen. Je einen Klecks Kuvertüre als Pupille auf die Augen geben. Die abgekühlten Muffins an der Oberseite mit der restlichen Kuvertüre bestreichen und so viele Schokostreusel daraufgeben, dass der Muffin vollends damit bedeckt ist.
4. Die Lakritzschnecken auseinanderrollen und in ca. 8–10 cm lange Stücke schneiden. Nun mit einem Zahnstocher am Rand der Oberseite der Muffins jeweils behutsam auf jeder Seite nebeneinander vier Löcher stechen.
5. Jeweils ein »Lakritzbein« in jedes der Löcher stecken, also vier auf jeder Seite des Muffins. Zu guter Letzt die Marzipanaugen platzieren; hierfür ggf. etwas Kuvertüre verwenden, um die Augen »festzukleben«, falls sie nicht richtig von allein halten.

# GAR GARSTIGES GEBRÄU

Der Arzt meines Vertrauens meinte neulich zu mir, ich solle künftig mit dem Trinken aufpassen, weil Alkohol dumm und gleichgültig macht. Keine Ahnung, was er damit meint; ist mir ehrlich gestanden auch total schnurz ... Trotzdem bin ich mir meiner Vorbildfunktion für all die Kinderlein da draußen natürlich vollauf bewusst, weshalb es die meisten Gebräus in dieser Rubrik in zwei Varianten gibt: mal mit und mal mit ohne Umdrehungen. Denn vergesst nicht: Es bringt nichts, seine Sorgen ertränken zu wollen – die Biester sind nämlich verflucht gute Schwimmer!

# ZOMBIETINI

Dank unserer Freunde in Grollywood denkt man bei Zombies unweigerlich an Kreaturen, die umherwanken, unverständliches Zeugs brabbeln und wirken, als hätten am Ende auch noch die allerletzten Hirnfunktionen den Dienst eingestellt – also im Grunde ganz genauso wie auf der alljährlichen Firmenfeier! Doch glaubt mir, Freaks, als ausgewiesener Kenner der Untoten-Szene versichere ich euch, dass nicht alle Zombies so primitiv und unzivilisiert sind, wie eure Kollegen auf der Arbeit. Ja, einige, wie mein alter Kumpel Günni, haben sogar einen gewissen Sinn für Körperhygiene! Die grüne Pampe, die nach Günnis letztem Bad in der Wanne zurückblieb, diente mir als Inspiration für diesen kötzlichen Drink, der einen eher ins Grab bringt, als einen von den Toten zurückzuholen.

**Für 1 Cocktail • Zubereitungszeit: 3 Minuten**

## ZUTATEN

einige Eiswürfel (auf Wunsch in Totenkopfform)
100 ml Orangensaft
20 ml Blue-Curaçao-Sirup (ohne Alkohol)
100 ml Mineralwasser mit Kohlensäure

1. Wer mag, lässt Wasser in einer Totenkopf-Eiswürfelform (übers Internet erhältlich) zu schmucken, frostigen Totenschädeln gefrieren.
2. Einige Eiswürfel in ein Glas geben.
3. Den eiskalten Orangensaft und den Blue-Curaçao-Sirup hinzugeben. Mit dem gut gekühlten Mineralwasser aufgießen.

Keine Frage: Dieses Gesöff ist auch in der Grundvariante schon magisch, doch um jemanden damit in einen waschechten Zombie zu verwandeln, der wirklich nicht mehr weiß, was er tut, sind nur wenige Handgriffe nötig! Ersetzt die alkoholfreie Blue-Curaçao-Variante einfach durch die mit mehr Umdrehungen, gebt 20 ml Wodka hinzu und gießt das Ganze statt mit schnödem Wasser mit spritzigem Sekt auf, getreu dem altbewährten Untoten-Motto: Wo früher meine Leber war, ist heute eine Minibar!

# DRACULAS LEBENSELIXIER

Kennt ihr den schon? Ein Vampir kommt mit dem Fahrrad in eine Verkehrskontrolle. Fragt der Polizist: »Haben Sie was getrunken?« Sagt der Vampir: »Nur zwei Radler!« Oder: Wie nennt ein Vampir einen Bluter? Longdrink! Okay, genug üble Witze für heute – kommen wir stattdessen zu einem richtig üblen Drink, der selbst dem ollen Grafen Dracula die Schamesröte ins bleiche Antlitz triebe!

**Für 1 Cocktail • Zubereitungszeit: 5 Minuten**

## ZUTATEN

½ Blutorange
20 ml Litschisaft (aus der Dose)
150 ml Schweppes Russian Wild Berry
50 ml Erdbeernektar (mit so hohem Fruchtgehalt wie möglich, am besten 75 %)

1. Eine Blutorange abwaschen, mit einem scharfen Messer halbieren, den Saft einer Orangenhälfte auspressen und in einen Shaker geben.
2. Litschisaft zum Blutorangensaft gießen und eins der glitschigen Scheißerchen herausnehmen.
3. Die eiskalte Schweppes-Limonade und den Erdbeernektar zu den übrigen Zutaten in den Shaker geben.
4. Reichlich Eiswürfel zufügen und und behutsam schütteln. In ein großes Cocktail- oder Martiniglas abseihen und nach Belieben schön schaurig dekorieren.

»Der größte Feind des Menschen wohl, das ist und bleibt der Alkohol. Doch in der Bibel steht geschrieben, du sollst auch deine Feinde lieben.« Prost ... Äh, ich meine natürlich: Amen, oh, ihr Brüder und Schwestern, die ihr da arm seid im Geiste! Und da bekanntlich alles wahr ist, was in dem ollen Schmöker seht, hat da oben in der himmlischen Chefetage mit Sicherheit keiner was dagegen, wenn wir aus diesem Cocktail einen echten *Schocktail* machen! Ersetzt hierfür einfach 20–40 ml der Schweppes-Limonade durch Wodka, je nachdem, wie kräftig ihr's mögt. Aber immer hübsch dran denken, Leute: kein Alkohol am Steuer! Selbst schon ein kleines Schlagloch genügt und man verschüttet alles!

# BLUTGESCHWÜR

Eine wohlgemeinte Warnung vorweg, liebe Kinderchen: Falls zu eurer Halloween-Party auch Krankenschwestern oder Ärzte geladen sein sollten, könnte ihr Besuch beim Anblick dieses schauderhaften Schocktails ziemlich kurz ausfallen. Also nicht wundern. Man kann das ja auch verstehen: Wer will schon beim Feiern so offensichtlich mit der Nase auf seine Arbeit gestoßen werden ...

**Ergibt: 1 Cocktail • Zubereitungszeit: 2 Minuten**

## ZUTATEN

50 ml dickflüssige Vanillesoße (aus dem Glas)
20 ml Kirschsirup
1 EL Heidelbeermarmelade

1. Die gut gekühlte Vanillesoße in ein großes Likörglas geben (mindestens 7 cl, besser 10 cl).
2. Nun langsam die Hälfte des Kirschsirups in die Mitte gießen.
3. Den restlichen Sirup mit der Marmelade verrühren und ebenfalls vorsichtig in die Mitte des Glases gießen.
4. Vorsichtig einen Zahnstocher oder einen Holzspieß durch den Inhalt des Glases ziehen, damit sich Rot und Weiß in Schlieren vermischen und das Ganze optisch richtig appetitlich wird.

Natürlich gibt's auch hier die Variante mit Umdrehungen: Nehmt dafür einfach schön dickflüssigen, süffigen Eierlikör statt der Vanillesoße und Cassis statt Kirschsirup. Apropos Sirup: Man kann ersatzweise auch irgendwas Gleichwertiges mit Erdbeer oder Heidelbeer verwenden.

# SCHWARZER MORAST

Dieser Drink ist genau wie ich: unwiderstehlich, erfrischend anders, ein bisschen schleimig – und so schwarz wie meine verdorbene Seele! Tatsächlich muss ich zugeben, dass diese abenteuerliche Mischung aus Cola, Wodka und Kaffeelikör mit einem Hauch Orange ganz schrecklich klingt, aber schrecklich lecker schmeckt. Aber Achtung: Dieses Gebräu hat mehr Umdrehungen als so manche Pastorenbraut bei der Verkehrskontrolle. Es ist daher der einzige Drink dieses Kapitels, der wirklich ausschließlich für Erwachsene geeignet ist. Sorry Kids, ihr kommt dann später dran.

**Für 1 Cocktail • Zubereitungszeit: 3 Minuten**

## ZUTATEN

20 ml Wodka (vorzugsweise Vanille-Wodka)
10 ml Kahlúa-Kaffeelikör
1 Schuss Cointreau-Orangenlikör
160 ml Cola

1. Einige Eiswürfel in ein Whiskey- oder Becherglas geben.
2. Den Wodka, den Kaffeelikör und den Cointreau in das Glas geben. Mit der eiskalten Cola aufgießen.
3. Kurz umrühren und sofort servieren.

Manchmal muss es eben … Bumm sein! So wie bei diesem Rezept. Ich muss gestehen, dass ich wirklich ewig experimentiert habe, um eine alkoholfreie Variante dieses Gebräus zusammenzubasteln, doch abgesehen davon, dass kalter, gesüßter schwarzer Kaffee einfach nicht so schmeckt wie Kahlúa und die leicht herbe Note des Wodkas durch nichts zu ersetzen ist, verändert Orangensaft als natürlicher Cointreau-Ersatz die Farbe des Drinks so, dass von Schwarzem Morast keine Rede mehr sein kann, allenfalls von graugelbem Kotzwürg. Dementsprechend gibt's dieses Gesöff nur in der Erwachsenen-Version.

# AUGAPFEL-BOWLE

Obacht, Partypeople, an dieser Stelle präsentiere ich euch einen wahren Augenschmaus: die ideale Erfrischung für schweißtreibende Feten beim Ausflug in den Neunten Kreis der Hölle. Farblich so angepasst, dass es überhaupt nicht auffällt, wenn ich mir das Zeug versehentlich auf meine Metzgerschürze schütte! Und das Beste daran: Wenn einen die Mädels bei den genannten Gelegenheiten schon nicht beachten, könnt ihr so wenigstens behaupten, dass zumindest die Bowle ein Auge auf euch geworfen hat!

**Ergibt: 6 Portionen • Zubereitungszeit: ca. 30 Minuten**

## ZUTATEN

2 Dosen Litschis (mit Saft, je ca. 400 g)
1 Glas Cocktailkirschen (mit Saft, ca. 200 g)
100 g frische Blaubeeren
1 l Zitronenlimonade (gekühlt)
330 ml Holunder-Bionade (gekühlt)
100 ml Himbeersirup
rote Lebensmittelfarbe (bei Bedarf)
zerstoßenes Eis

1. Die Litschis und die Kirschen (jeweils separat) durch ein Küchensieb abtropfen lassen und den Saft auffangen. Ins Kernloch jeder Litschi als »Pupille« eine Sauerkirsche stecken, mit dem Kernloch nach außen, sodass ihr in die kleinere Öffnung eine Blaubeere stecken könnt, die als Iris fungiert.
2. Den Litschi- und den Kirschsaft in ein großes Bowlengefäß geben. Die Zitronenlimonade, die Holunder-Bionade und den Himbeersirup hinzufügen.
3. Alles gut miteinander vermischen. Sollte das Ganze noch nicht »blutig« genug sein, bei Bedarf etwas rote Lebensmittelfarbe einrühren. Das Eis und die vorbereiteten Augäpfel hineingeben und servieren.
4. Die »Augen« in die Bowle geben, behutsam umrühren und sofort servieren.

Ihr könnt die Zitronenlimonade des Grundrezepts durch Sekt und die Holunder-Bionade durch Weizenbier ersetzen und das Ganze zusätzlich mit einem guten Schuss Wodka oder – noch besser – Apfelkorn aufpeppen, doch damit ist dieses köstliche Gesöff als Mitbringsel zum Kindergeburtstag gestorben. Also, dann, Prost! Auf euer Unwohlsein!

# DR. JEKYLLS SPEZIALARZNEI

Endlich mal Medizin, die wirkt und schmeckt! Mein guter, alter Kumpel Henry hat stets ein paar Dosen dieser hochwirksamen, von ihm selbst entwickelten Arznei dabei, falls sein Alter Ego Mr. Hyde zu unpassenden Zeiten zum »Spielen« rauskommen will. Doch seid gewarnt, Freaks: Dieses Gesöff ist so stark, dass es selbst Tote wieder lebendig macht – obwohl wir es ja eigentlich eher umgekehrt mögen! Und falls einer dieser Möchtegern-Weltverbesserer da draußen mit entrüsteter Miene wissen will, was ihr euch da für ein höllisches Gesöff reinzieht, das euer Leben rein statistisch um fünf Sekunden verkürzt oder derlei Schwachfug, dann kontert ihr einfach wahrheitsgemäß: Der Doktor hat's verordnet!

**Ergibt: 10 Spritzen à 100 ml • Zubereitungszeit: ca. 5 Minuten**

## ZUTATEN

300 ml Kirschsaft
150 ml Holunderbeersaft
100 ml Granatapfelsaft
400 ml Zitronenlimonade
50 ml Grenadine
10 Einwegspritzen (à 100 ml)

1. Die Zubereitung dieser Arznei ist denkbar einfach und erfordert zudem keinerlei medizinisches Fachwissen: Gebt einfach alle Zutaten in eine große Schüssel und rührt das Ganze gut durch.
2. Wascht die Einwegspritzen vor der Verwendung gründlich aus und zieht das Gesöff aus der Schüssel auf die Spritzen.
3. Die Spritzen zum Anrichten in kleinen Gläsern mit kaltem Wasser und/oder zerstoßenem Eis oder in einem mit Eis gefüllten Kühler platzieren.

Falls euch heute eher danach zumute ist, euren inneren Mr. Hyde rauszulassen, ersetzt die Zitronenlimonade bei diesem Rezept einfach durch dieselbe Menge Sekt oder teilweise durch Wodka bzw. weißen Rum (200 ml sollten vollauf genügen, um die gewünschte Wirkung zu erzielen). Frei nach dem Motto meines langjährigen Chiroknacktikers: Nicht lange schnacken, lass' Rückgrat knacken!

# BILDNACHWEIS

S. 8, 14, 94, 102: JeniFoto/Shutterstock.com; S. 8, 11, 48, 54, 88, 94, 96: GreenArt/Shutterstock.com; S. 8, 18: nito/stock.adobe.com; S. 12: myCreate/stock.adobe.com; S. 16: Elena Shashkina/Shutterstock.com; S. 22, 26, 58, 62: azurita/stock.adobe.com; S. 30, 34: kitty/Shutterstock.com; S. 40, 52: Chudovska/Shutterstock.com; S. 40, 42: Elena Shashkina/Shutterstock.com; S. 64, 68, 94, 104, 112, 122: apolonia/Shutterstock.com; S. 64, 78: istetiana/Shutterstock.com; S. 66: etorres/Shutterstock.com; S. 92: City Kitsune/Shutterstock.com; S. 94, 108: AS Food studio/Shutterstock.com; S. 98: MShev/Shutterstock.com; S. 106: Mikhaylovskiy/Shutterstock.com; S. 110: Elena Shashkina/Shutterstock.com; S. 112, 116: Mariyana M/Shutterstock.com; S. 112, 114: Wiktory/Shutterstock.com; S. 8, 20, 22, 24, 28, 30, 32, 36, 38, 40, 44, 46, 48, 50, 56, 58, 60, 64, 70, 72, 74, 76, 80, 82, 85, 86, 90, 100, 118, 120, 124: © 2018 Katja Böhm/Tom Grimm